职业院校汽车专业创新立体化教材

汽车发动机维修基础训练

主　编：徐春保　郝　隆
副主编：张　秋　于海兵　刘　洋　周艳辉
参　编：陈华艳　邬儀鸣　李龙飞　黄东宁
　　　　李国栋　王梦伟
主　审：李绍相

机 械 工 业 出 版 社

本书共分为11章，全面介绍了汽车发动机的维护、保养、拆卸、检修等知识和技能，从最基本的发动机检测维修工具开始，介绍了拆解发动机、对拆解后的发动机进行检测、组装发动机、拆装和检修发动机配气系统、检修发动机电控系统、检修发动机润滑系统和冷却系统、检修发动机排放净化装置、对发动机进行不解体的检测和清洗等内容。

本书内容详尽，操作性强，可作为高等职业院校、高等专科院校、成人高校、民办高校和二级职业技术学院汽车运用与维修及相关专业的教学用书，也可作为相关领域专业技术人员的参考用书及培训用书。

图书在版编目（CIP）数据

汽车发动机维修基础训练/徐春保，郝隆主编. —北京：机械工业出版社，2017.2

职业院校汽车专业创新立体化教材

ISBN 978-7-111-56994-7

Ⅰ.①汽… Ⅱ.①徐… ②郝… Ⅲ.①汽车－发动机－车辆修理－高等职业教育－教材 Ⅳ.①U472.43

中国版本图书馆CIP数据核字（2017）第126002号

机械工业出版社（北京市百万庄大街22号 邮政编码100037）
策划编辑：母云红 责任编辑：母云红
责任校对：张 力 封面设计：张 静
责任印制：李 昂
河北鑫兆源印刷有限公司印刷
2017年7月第1版第1次印刷
184mm×260mm · 8印张 · 187千字
0 001—3000册
标准书号：ISBN 978-7-111-56994-7
定价：25.00元

凡购本书，如有缺页、倒页、脱页，由本社发行部调换

电话服务
服务咨询热线：010-88379833
读者购书热线：010-88379649

网络服务
机 工 官 网：www.cmpbook.com
机 工 官 博：weibo.com/cmp1952
教育服务网：www.cmpedu.com
金 书 网：www.golden-book.com

“职业院校汽车专业创新立体化教材”
编 委 会

前　言

PREFACE

为推进高职院校汽车类专业教学改革与发展，机械工业出版社于2015年5月23—24日在北京召开了“职业院校汽车专业创新立体化课程开发”研讨会。研讨会以创新立体化教材为突破口，探讨了汽车类专业课程的创新和发展，以推动职业院校汽车专业教学内容、教学流程和教学方法改革。

本套创新立体化教材的创新点有以下几方面。

1）在教材的内容组织上，与汽车产业需求、职业标准、生产过程相对接，按照企业真实的技术和装备水平设计理论、技术和实训课程，反映汽车服务企业的真实业务流程。

2）在教材的编写方式上，通过真实案例、真实项目激发学生的学习兴趣、探究兴趣和职业兴趣。

3）在教材的表现形式上，采用图片、表格、二维码等多种形式，以“互联网+”的思维模式，在传统平面教材的基础上通过二维码扫描呈现立体的工作原理、真实的工作情景和环境，使教师更容易教，学生更容易学，实现教材与教学资源的配套和融合。

机械工业出版社于2015年7月27日在郑州中鑫之宝汽车服务有限公司召开了“职业院校汽车专业创新立体化课程开发第二次会议”，进一步探讨确定创新立体化课程的具体实现细节，探讨架构全面、立体的课程体系，探讨职业教育与现代汽车维修企业人才需求的对接。

本书是本套教材中的《汽车发动机维修基础训练》，共分为11章，全面介绍了汽车发动机的维护、拆装、检修等知识和技能，从最基本的发动机检测维修工具开始，介绍了拆解发动机、对拆解后的发动机进行检测、组装发动机、拆装和检修发动机配气系统、检修发动机电控系统、检修发动机润滑系统和冷却系统、检修发动机排放净化装置、对发动机进行不解体的检测和清洗等内容。

本书面对高职高专汽车类专业教育而编写，其特色如下。

1）在编写过程中得到了多位来自汽车维修企业生产一线的著名汽车维修技术专家（本书专家组成员）的指导和审读，因此实用性、指导性强。

2）采用了大量的实物图片，这些图片是编者在多年发动机实训教学中积累所得。

3）嵌入了有助于读者理解的实际工作场景视频、动画、彩色图片等内容的二维码，利用互联网实现了教材的立体化。

本书由北京吉利学院汽车工程学院徐春保、郝隆任主编，张秋、于海兵、刘洋、周艳辉任副主编，陈华艳、邬儀鸣、李龙飞、黄东宁、李国栋和王梦伟也参加了编写。本书由中国汽车后市场联合会汽车工程师专业委员会李绍相主审。

本书在编写过程中参考了一些品牌汽车发动机的维修手册，同时得到了吉利集团销售公司的帮助，在此表示感谢！

本书二维码链接中的部分视频和图片由王海翔同学拍摄，在此表示感谢！

由于编者水平有限，书中难免有错误和疏漏之处，希望广大读者批评指正。

编　者

目 录

CONTENTS

第1章

CHAPTER 1

发动机检修基本工具

【任务导入】

在对发动机进行拆卸检测之前，要对所使用的拆卸工具进行基本认识，了解我们拆卸检测过程中所使用的基本工具有哪些。

【学习目标】

1. 了解发动机拆装工具的种类和使用顺序。
2. 掌握发动机拆装工具的使用要求和注意事项。

1.1 汽车拆装工具

1.1.1 汽车通用拆装工具

1. 通用拆装工具

通用拆装工具如表1-1所示。

表1-1 通用拆装工具

	名称	实物图	工具简介
普通扳手	呆扳手		最常见的一种扳手。其开口的中心平面和本体中心平面成15°，这样既能适应人手的操作方向，又可降低对操作空间的要求。其规格是以两端开口的宽度（mm）来表示的，如8—10、12—14等；通常是成套装备，有8件一套、10件一套等；通常用45钢、50钢锻造，并经热处理
	梅花扳手	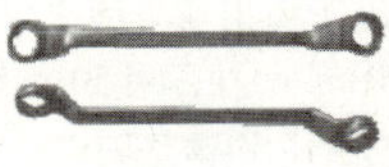	其两端是环状的，环的内孔由两个正六边形互相同心错转30°而成。使用时，扳动30°后，即可换位再套，因而适用于狭窄场合下操作。与呆扳手相比，梅花扳手强度高，使用时不易滑脱，但套上、取下不方便。其规格是以闭口尺寸（mm）来表示，如8—10、12—14等，通常是成套装备，有8件一套、10件一套等；通常用45钢或40Cr锻造，并经热处理

（续）

	名称	实物图	工具简介
普通扳手	套筒扳手	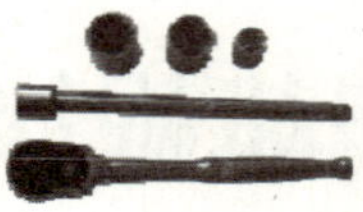	套筒扳手的材料、环孔形状与梅花扳手相同，适用于拆装位置狭窄或需要一定扭矩的螺栓或螺母。套筒扳手主要由套筒头、手柄、棘轮手柄、快速摇柄、接头和接杆等组成，各种手柄适用于各种不同的场合，以操作方便或提高效率为原则；常用套筒扳手的规格是10～32mm。在汽车维修中还采用了许多专用套筒扳手，如火花塞套筒、轮毂套筒、轮胎螺母套筒扳手等
	活扳手		其开口尺寸能在一定的范围内任意调整；使用场合与呆扳手相同，但活扳手操作起来不太灵活。其规格是以最大开口宽度（mm）来表示的，常用的有150mm、300mm等；通常是由碳素钢（T）或铬钢（Cr）制成的
	扭力扳手		是一种可读出所施力矩大小的专用工具。其规格是以最大可测力矩来划分的，常用的有294N·m、490N·m两种；扭力扳手除用来控制螺纹件旋紧力矩外，还可以用来测量旋转件的启动转矩，以检查配合、装配情况
	内六角扳手		是用来拆装内六角螺栓（螺塞）用的。规格以六角形对边尺寸（mm）表示，有3～27mm尺寸的13种，汽车维修作业中使用成套内六角扳手拆装M4～M30的内六角螺栓
螺钉旋具	一字槽螺钉旋具		俗称平口改锥、一字起子，用于旋紧或松开头部开一字槽的螺钉。一般工作部分用碳素工具钢制成，并经淬火处理。一字槽螺钉旋具由木柄、刀体和刃口组成；其规格以刀体部分的长度（mm）表示，常用规格有100mm、150mm、200mm和300mm等几种，使用时，应根据螺钉沟槽的宽度选用相应的规格
	十字槽螺钉旋具		俗称十字改锥、十字起子，用于旋紧或松开头部开十字槽的螺钉；材料和规格与一字槽螺钉相同
手锤和钳子	钳工锤		又称圆顶锤。其锤头一端平面略有弧形，是基本工作面，另一端是球面，用来敲击凹凸形状的工件；规格以锤头质量来表示，以0.5～0.75kg的最为常用；锤头以45钢、50钢锻造而成，两端工作面热处理后硬度一般为50～57HRC
	尖嘴钳		因其头部细长，所以能在较小的空间工作；带刃口的能剪切细小零件，使用时不能用力太大，否则钳口头部会变形或断裂；规格以钳长（mm）来表示，常用160mm一种
	鲤鱼钳/钢丝钳	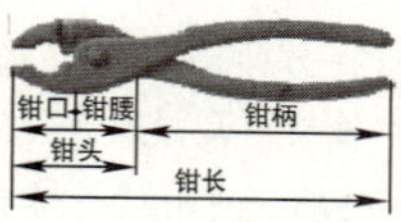 鲤鱼钳	钳头的前部是平口细齿，适用于夹捏一般小零件，中部凹口粗长，用于夹持圆柱形零件，也可以代替扳手旋小螺栓、小螺母，钳口后部的刃口可剪切金属丝。由于一片钳体上有两个互相贯通的孔，又有一个特殊的销子，所以操作时钳口的张开度可很方便地变化，以适应夹持不同大小的零件，是汽车维修作业中使用最多的手钳。规格以钳长（mm）来表示，一般有165mm、200mm两种；用50钢制造。钢丝钳的用途和鲤鱼钳相似，但其支销相对于两片钳体是固定的，故使用时不如鲤鱼钳灵活，但剪断金属丝的效果比鲤鱼钳要好；规格有150mm、175mm、200mm三种

（续）

	名称	实物图	工具简介
手锤和钳子	活塞环拆装钳		用于活塞环的拆与装，防止不正当的操作而导致活塞环折断
	气门导管拆装工具	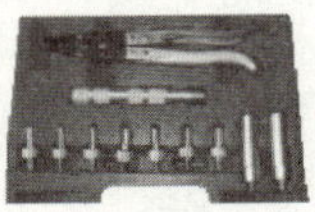	用于发动机大修时，拆装气门导管及油封，防止气门导管安装不到位或安装不正而导致异响
	气门研磨机		有手动式和电动式两种，在修理厂通用电动式的比较多，其主要用于气门座的研磨
	拉力器		拉力器用来完成三种工作：把物体从轴上拉出，把物体从孔中拉出，把轴从物体中拉出。图中的第一个工具用于把齿轮、轮子或轴承从轴上拉出；第二个工具用于把轴承外圈、保持器、油（密）封从孔里拉出
	衬套、轴承、密封圈安装器	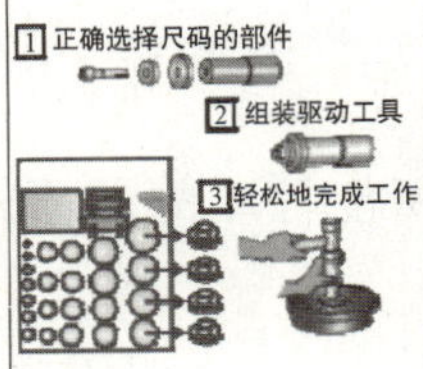	安装衬套、轴承和密封圈是一项很困难的工作。在安装过程中，这些部件必须正确定位，甚至安装这些部件的时候必须施加一定的压力。衬套安装器可以用来完成这项工作。图左是一个轴衬、轴承、密封圈驱动器套件。图中所示的圆圈表示所用的一些衬套引导件的尺寸。不同的引导件用于不同内径的衬套。这些引导件包括压盘和手柄，还有几个隔板和驱动器，可以在要安装的部件上施加均匀的力。图右给出了安装的三个步骤

2. 正确选用通用工具及注意事项

（1）扳手

扳手（图1-1）是汽车修理中最常用的一种工具，主要用于扭转螺栓、螺母或带有螺纹的零件。如果扳手选用不当或使用不当，不但会造成工件和扳手损坏，还可能引发危及人身安全方面的事故。因此，正确地选用和使用扳手显得尤为重要。

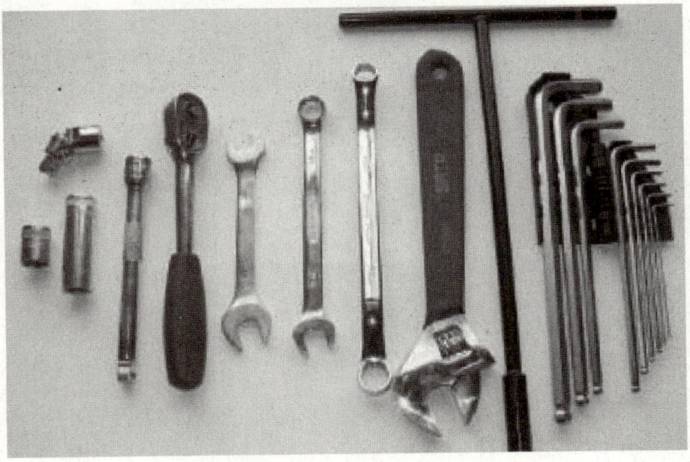

图1-1 扳手

扳手种类繁多，常见的有梅花扳手、呆扳手、组合扳手、活扳手等，如图 1-2 所示。

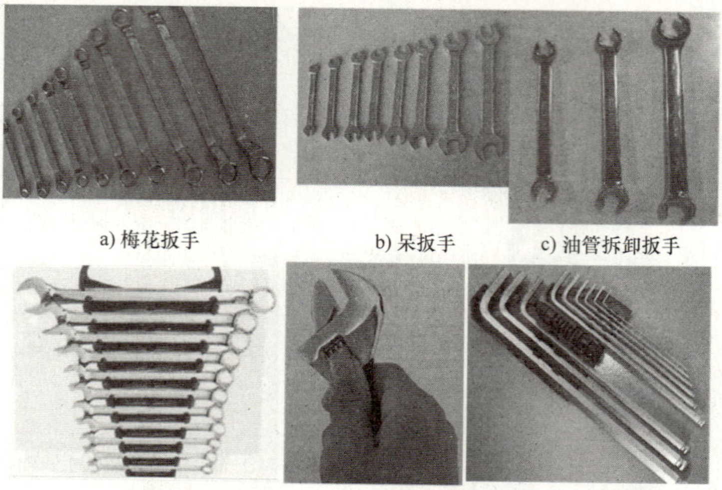

a) 梅花扳手　b) 呆扳手　c) 油管拆卸扳手

d) 两用扳手/组合扳手　e) 活扳手　f) 内六角扳手

图 1-2　常用扳手类工具

在拆卸螺栓时，应按照“**先套筒扳手，后梅花扳手，再呆扳手，最后活扳手**”的原则进行选用。

在选用扳手时，要注意扳手的尺寸，尺寸是指它所能拧动的螺栓或螺母正对面间的距离。

如图 1-3 所示，为防止扳手损坏和滑脱，应使用拉力作用在开口较厚的一边，这一点对受力较大的活扳手尤其应该注意，以防开口出现“八”字形，损坏螺母和扳手。

普通扳手是按人手的力量来设计的，遇到较紧的螺纹件时，不能用锤击打扳手。除套筒扳手外，其他扳手都不能套装加力杆，以防损坏扳手或螺纹连接件。

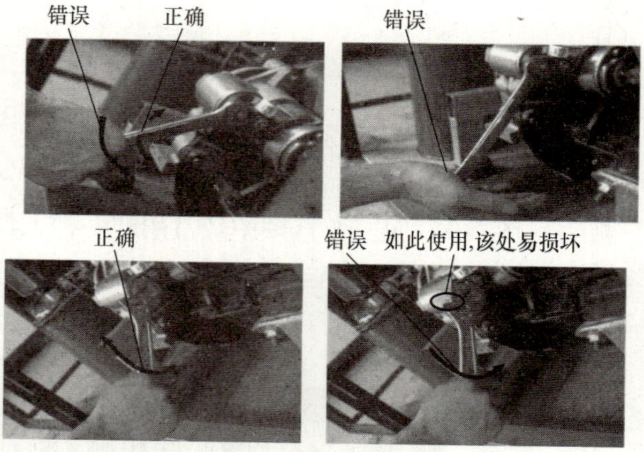

图 1-3　扳手的正确使用方法

在紧固燃油管、空调管路等的调整螺栓时，为防止零件相对转动，需要用两个开口扳手配合紧固，一个扳手固定一端螺栓，另一个扳手紧固或拆卸另一端螺栓，如图 1-4 所示。

（2）套筒

套筒扳手是拆卸螺栓最方便灵活且安全的工具。使用套筒扳手不易损坏螺母的棱角。

旋具套筒与不同的手柄配合会起到不同的作用。可用棘轮扳手实现快速旋拧，也可接上接杆加长使用，对普通螺钉旋具无法拧动的螺钉可以施加较大扭矩。

1）套筒的类型。常见套筒工具如图 1-5 所示，其他套筒工具如图 1-6 所示。

图1-4　两个扳手配合紧固

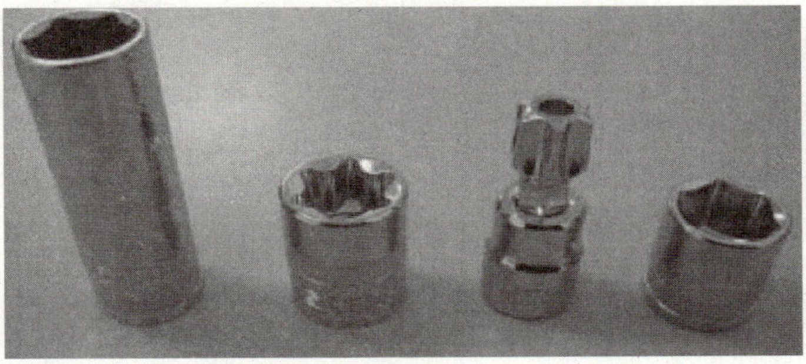

图1-5　常见套筒工具

图1-6　其他套筒工具

除常见的标准套筒外，还有很多特殊套筒，如六角长套筒、六角或十二角花形套筒（图1-7）、风动套筒、旋具套筒等。如头部制成特殊形状的螺栓、螺母，就必须采用专用套筒进行拆卸。

2）套筒的使用。套筒内径形状有六角和十二角（双六角）两种类型。内六角花形套筒与螺栓、螺母的表面接触面大，不易损坏螺栓、螺母表面；十二角花形套筒各角之间只间隔

30°，可以很方便地套住螺栓，适合于在狭窄的空间中拆卸螺栓。

十二角花形套筒不能拆卸大力矩或棱边已磨损的螺栓，因为它与螺栓的接触面小，容易损坏螺栓的棱角或出现滑脱产生安全事故。

图 1-7　六角和十二角花形套筒

花形套筒（图 1-8）是专门用来拆卸花形螺栓头螺栓的。在拆卸时，花形套筒可与这种螺栓头实现面接触，并采用曲面结构，在缩小体积的同时可增加拆卸力矩。

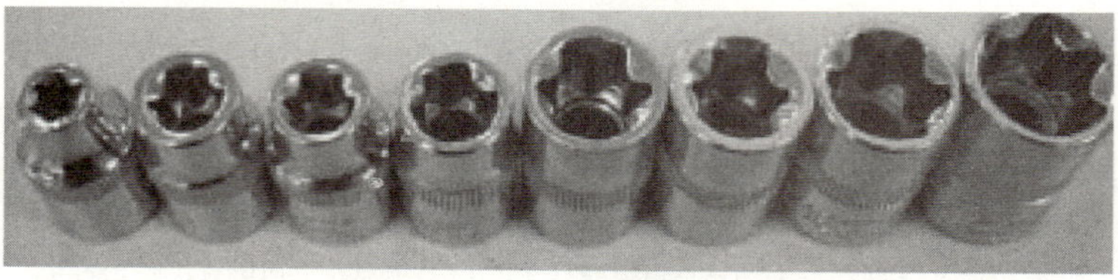

图 1-8　花形套筒

在现代车型上，花形头螺栓的使用逐渐增多，经常用于车门安装螺栓或进气歧管的双头螺柱等（图 1-9）。

旋具套筒与配套手柄配合，组合成各式各样的螺钉旋具或六角扳手，用来拆卸螺栓头为特殊形状的螺栓或力矩过大的小螺钉。

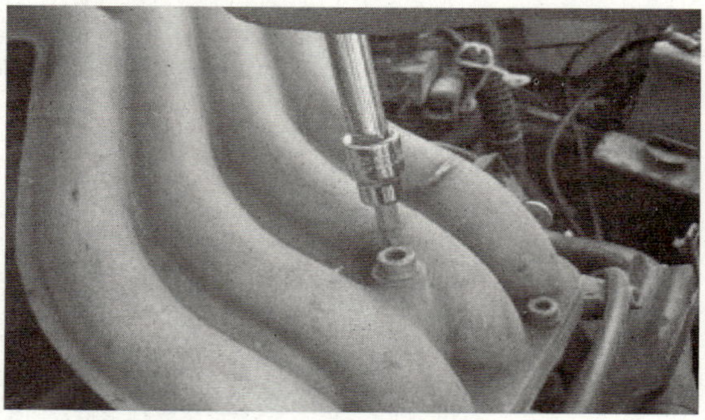

图 1-9　使用花形套筒

将套筒套在配套手柄的方榫上（视需要与长接杆、短接杆或万向接头配合使用，图1-10），再将套筒套住螺栓或螺母，顺时针转动时左手握住手柄与套筒连接处，保持套筒与所拆卸或紧固的螺栓同轴，右手握住配套手柄加力。逆时针转动时，则左右手互换，如图1-11所示。

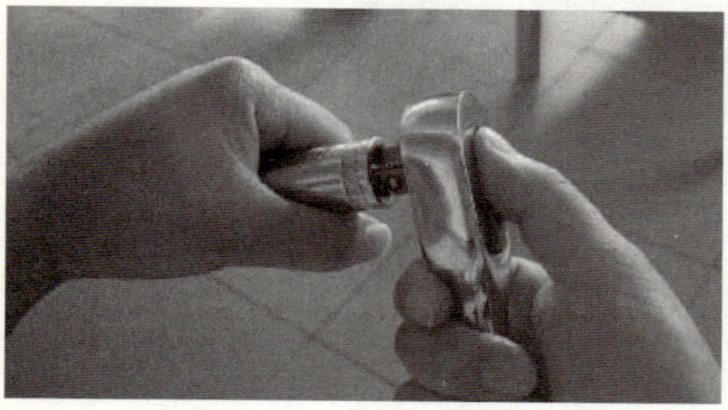

图 1-10　安装套筒

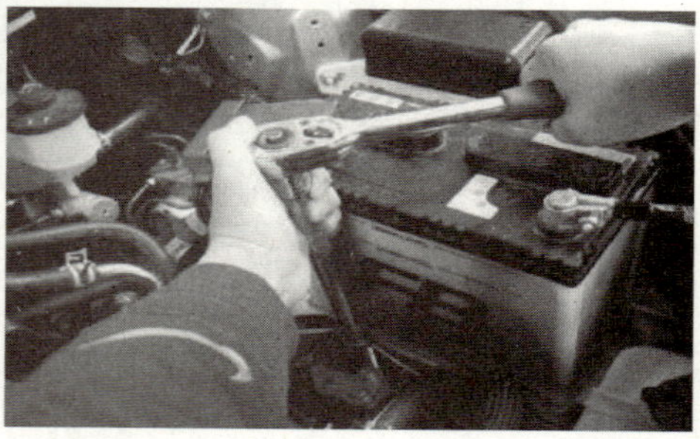

图 1-11　使用套筒

在使用套筒的过程中，左手握紧手柄与套筒连接处，切勿摇晃，以免套筒滑出或损坏螺栓螺母的棱角。

手握手柄加力时，一定要朝向自己的方向用力拉而不是推，以防止滑脱造成手部受伤。

3）套筒的配套工具

① 扭力扳手。扭力扳手（图 1-12）主要用于有规定力矩值的螺栓和螺母的装配，如气缸盖、连杆、曲轴主轴承等处的螺栓。常用的扭力扳手有指针式和预置力式两种。

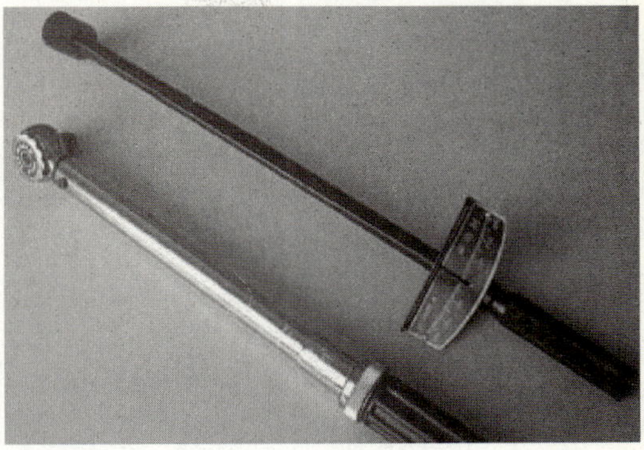

图 1-12　扭力扳手

使用指针式扭力扳手时，应**注意左手在握住扳手与套筒连接处时，不要碰到指针杆，否则会造成读数不准**（图 1-13）。

预置力式扭力扳手可通过旋转手柄，预先调整设定力矩，达到设定力矩时，该扳手会发出警告声响以提示用户。**注意：当听到“咔嗒”声响后，立即停止旋拧，以保证力矩正确。当扳手设在较低力矩值时，警告声可能很小，应特别注意**（图 1-14）。

图 1-13　使用指针式扭力扳手

图 1-14　预置力式扭力扳手

在使用扭力扳手拧紧时要用左手握住套筒，并保持扭力扳手的方榫部及套筒垂直于紧固件所在平面；右手握紧扭力扳手手柄，向自己这边扳转。禁止向外推动工具，以免滑脱而造成身体伤害。

注意：拧紧螺栓、螺母时，不能用力过猛，不可施加冲击扭力。当旋紧阻力不断增加时，旋转的速度应相应放缓，以免损坏螺纹。当扭力过大时，禁止在扭力扳手的手柄上再加装套管或用锤子捶击。

② 棘轮手柄。棘轮手柄（图 1-15）是最常见的套筒手柄。套筒手柄是装在套筒上用于扳动套筒的配套手柄，如果没有配套手柄，套筒将无法独立工作。

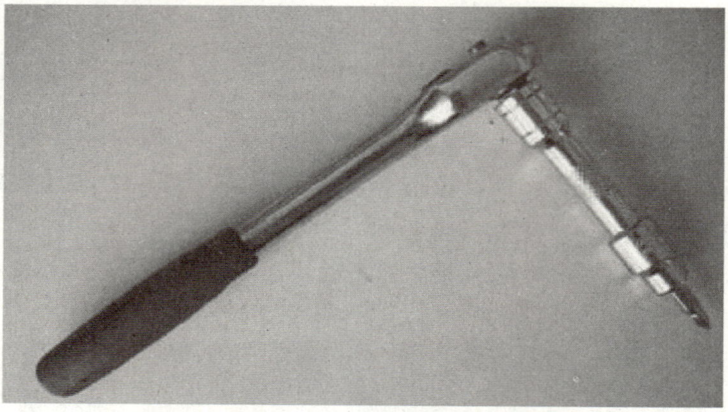

图 1-15　棘轮手柄

如图 1-16 所示，使用时，按下锁定按钮，将套筒头套入棘轮扳手的方榫中，松开锁定按钮，套筒即被锁止，如再次按下锁定按钮，即可解除套筒锁定。

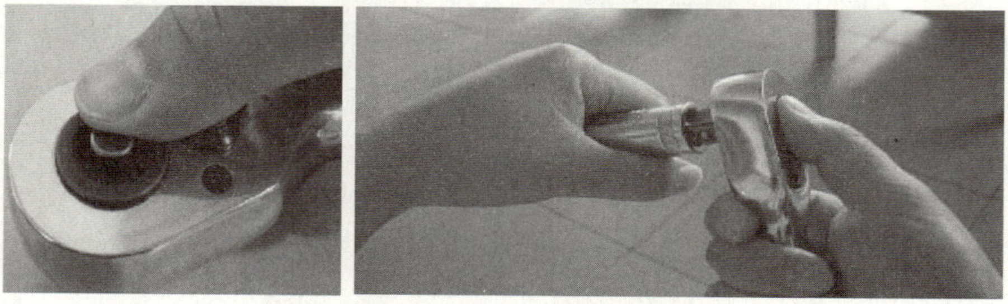

图 1-16　棘轮手柄的使用

棘轮手柄头部设计有棘轮装置，在不脱离套筒和螺栓的情况下，可实现快速单方向的转动。

通过调整锁紧机构可改变其旋转方向：将锁紧机构手柄调到左边，可以单向顺时针拧紧螺栓或螺母；将锁紧机构手柄调到右边，可以单向逆时针松开螺栓或螺母（图 1-17）。

③ 滑杆。滑杆（图 1-18）也称滑动 T 形杆，是套筒专用配套手柄，横杆部可以滑动调节。通过滑动方榫部分，手柄可以有两种使用方法（图 1-19）。

方榫位置在一端，形成 L 形结构，从而增加了力矩，达到拆卸或紧固螺栓的目的，与 L 形扳手类似。

方榫在中部位置，形成 T 形结构，两只手同时用力，可以增加拆卸速度，但要求的工作空间较大。

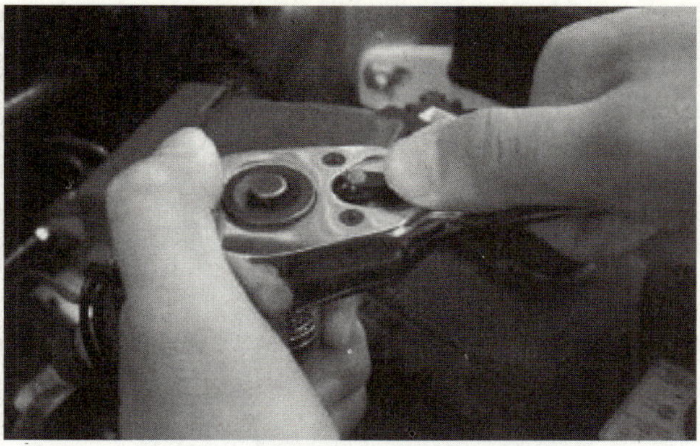

图 1-17　棘轮手柄的旋向调节

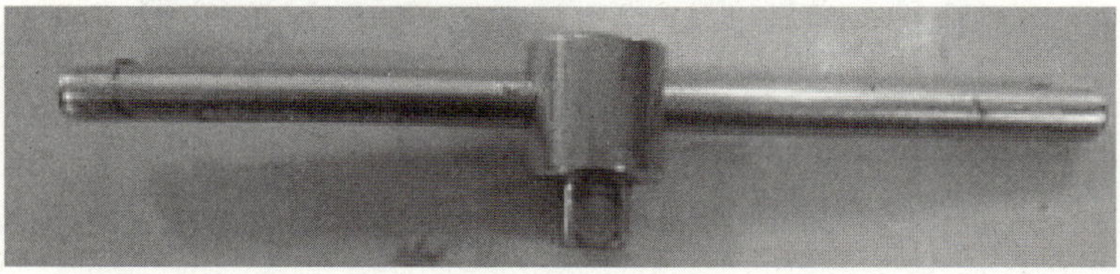

图 1-18　滑杆

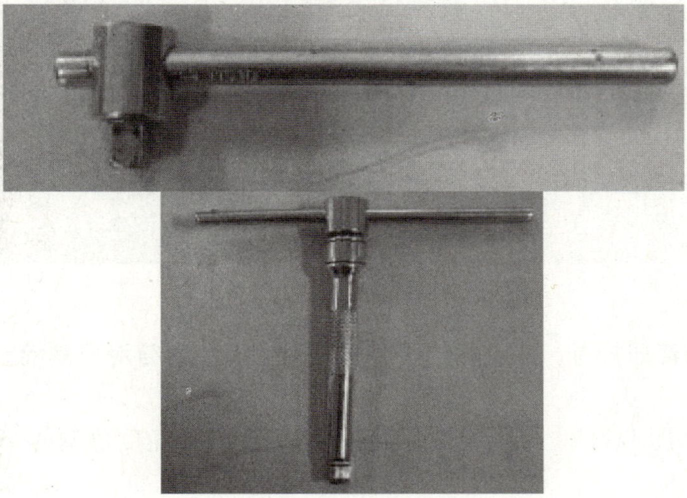

图 1-19　滑杆的不同使用

④ 旋转手柄。旋转手柄也称摇头手柄或扳杆，可用于拆卸或更换要求大力矩的螺栓或螺母，也可在调整好手柄后进行迅速旋转。但手柄很长，很难在狭窄空间下使用（图 1-20）。

通常使用旋转手柄时，应尽量在保持端部与手柄成 90°的 L 形位置的状态下使用。

⑤ 快速摇杆。快速摇杆俗称摇把，是旋动螺母最快的配套手柄，但不能在螺母上施加太大的力矩（图 1-21）。主要用于拧下已经松动的螺母，或者把螺母快速旋上螺栓。

使用快速摇杆时，左手握住摇杆端部，并保持摇杆与所拆卸螺栓同轴，右手握住摇杆弯曲部，迅速旋转。

图 1-20　旋转手柄及其使用方法

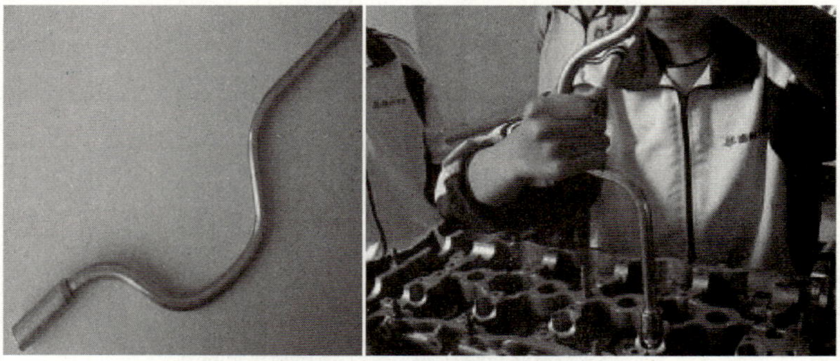

图 1-21　快速摇杆及其使用方法

注意：使用快速摇杆时，握摇杆的手不可摇晃，以免套筒滑出螺栓或螺母，产生安全事故。

⑥ L 形工具（图 1-22）。结构简单，正因为没有铰链等角度可调的部件，所以强度高，能承受较大力矩。

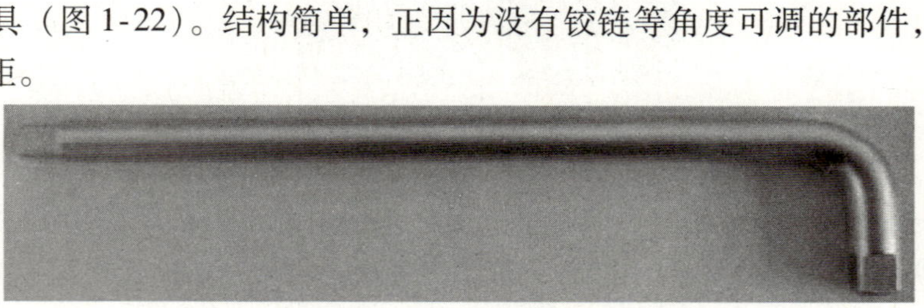

图 1-22　L 形工具

⑦ 旋柄。旋柄也是套筒配套手柄，它可以与套筒头及旋具头配合，与螺钉旋具手柄类似。旋柄可以快速旋动螺栓、螺钉，主要用于将螺栓、螺钉旋到底（图 1-23）。

注意：在旋柄柄部加接棘轮扳手后，一定要防止前端的套筒头及旋具头扭力过大而造成螺栓或工具本身的损坏。禁止锤击旋柄尾部来达到松动螺栓的目的，否则会使后部橡胶柄严

重损坏。

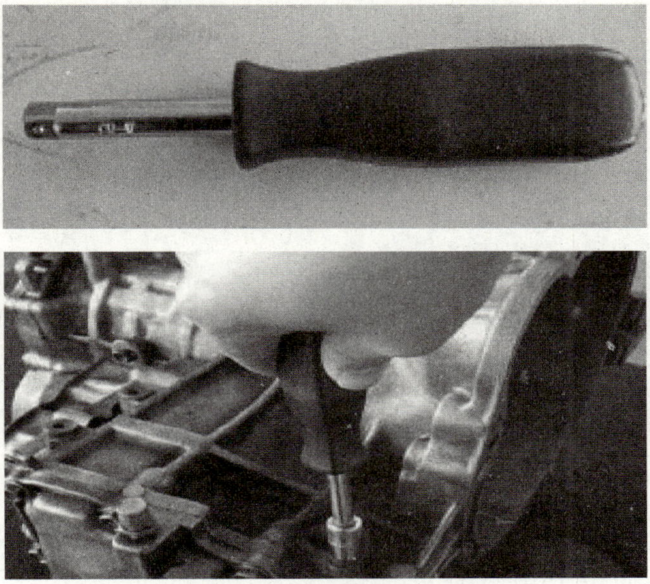

图 1-23　旋柄及其使用

⑧ 接杆。接杆也称延长杆或加长杆，是套筒类成套工具不可缺少的一部分。接杆的主要作用是加装在套筒和配套手柄之间，用于拆卸和更换装得很深、仅凭套筒和手柄无法接触的螺栓、螺母（图 1-24）。接杆可将工具抬离平面一定高度，便于操作。

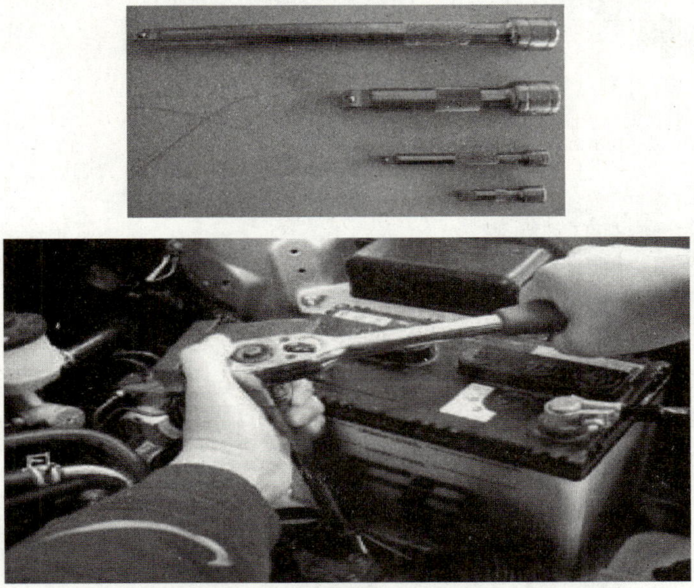

图 1-24　接杆及其使用

⑨ 套筒转换接头。套筒转换接头是将现有不同尺寸规格的手柄和套筒配合使用，如图 1-25 所示。转换接头有两种，一种是“小 → 大”，另一种是“大 →小”。

（3）钳子

钳子用于弯曲小尺寸的金属件，夹持扁形或圆形零件，切断软的金属丝等。

图 1-25　套筒转换接头及其使用

在汽车维修中，常用的钳子有钢丝钳、鲤鱼钳、尖嘴钳、斜嘴钳、水泵钳、卡簧钳、大力钳、管钳等，如图 1-26 所示。

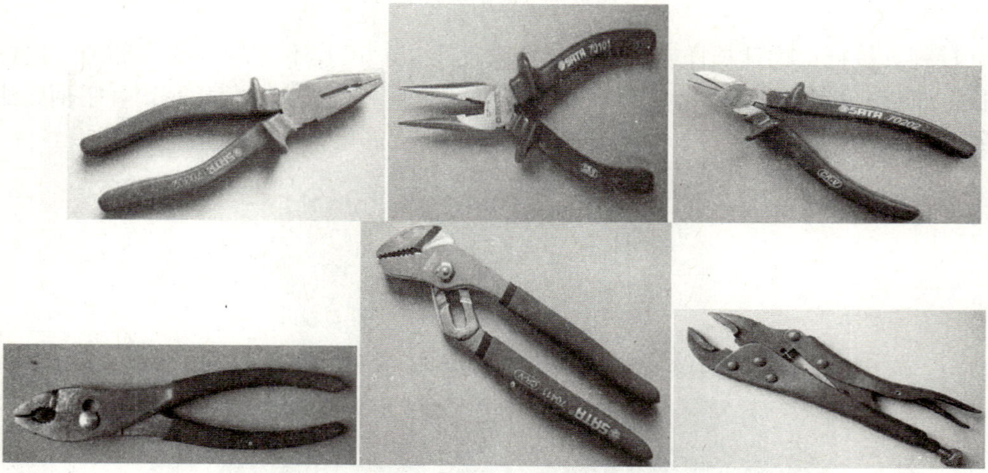

图 1-26　各种钳子

① 钢丝钳。钢丝钳是最常见的一种钳子，如图 1-27 所示，它可以用来切断金属丝或夹持零件。使用钢丝钳时，用手握住钳柄后端，使钳口开闭，钳口前端主要用于夹持各种零件，根部的刃口可用来切割细导线。

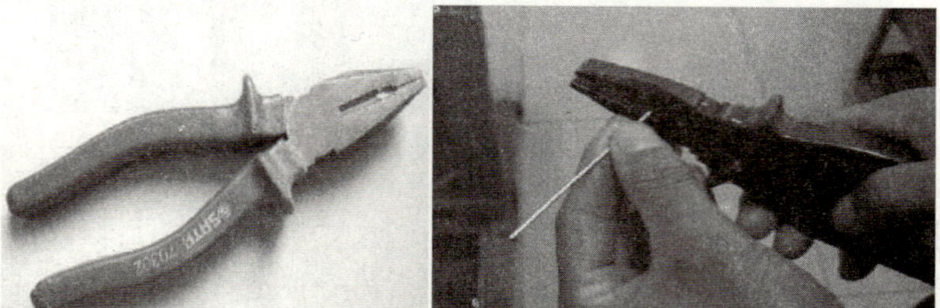

图 1-27　钢丝钳及其使用

② 尖嘴钳。尖嘴钳如图 1-28 所示，钳口长而细，特别适合在狭窄的空间里使用。在狭窄的空间，钢丝钳无法满足工作条件时，可用尖嘴钳代替。严禁对尖嘴钳的钳头部施加过大的压力，这样会使尖嘴钳的钳口尖部扩张成 U 形。

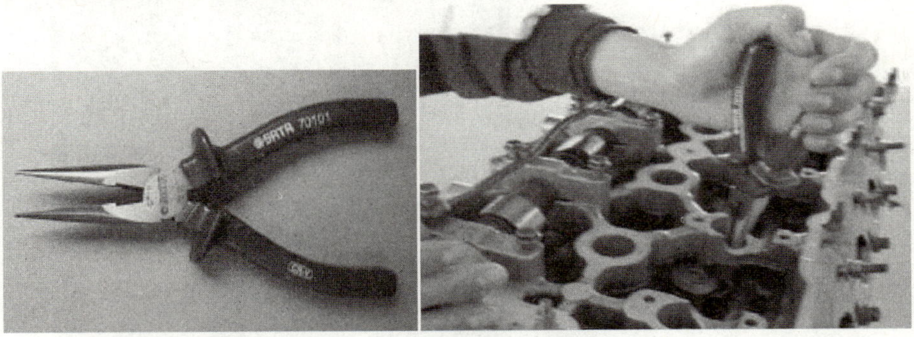

图 1-28　尖嘴钳及其使用

③ 斜口钳。斜口钳也称剪钳，主要用于切割金属丝或导线，如图 1-29 所示。斜口钳的钳口有刃口，且尖部为圆形，不具备夹持零件的作用，只能用于切割金属丝或导线。斜口钳可以剪切钢丝钳和尖嘴钳不能剪切的细导线或线束中的导线。

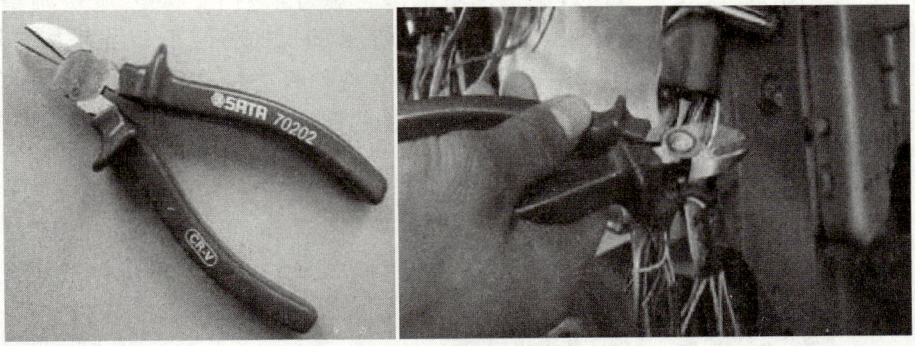

图 1-29　斜口钳及其使用

④ 鲤鱼钳。鲤鱼钳也称鱼嘴钳，主要用于夹持、弯曲和扭转工件，如图 1-30 所示。鲤鱼钳的手柄一般较长，可通过改变支点上槽孔的位置来调节钳口张开的程度。在用钳子夹持零件前，必须用防护布或其他防护罩遮盖易损坏件，防止锯齿状钳口对易损件造成伤害。

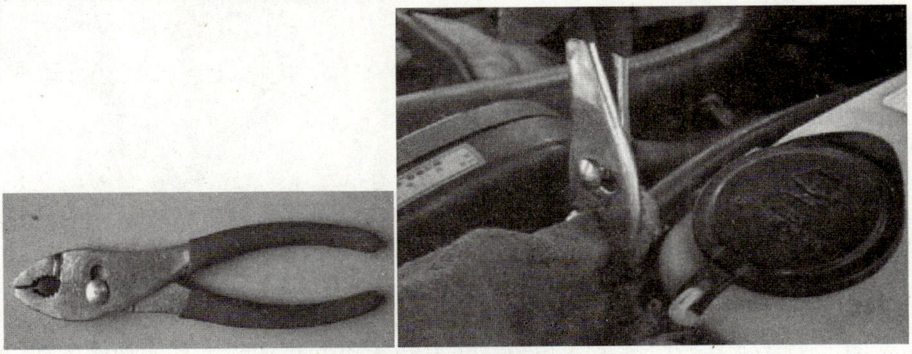

图 1-30　鲤鱼钳及其使用

⑤ 水泵钳。水泵钳也称鸟嘴钳，结构与作用同鲤鱼钳相似，如图 1-31 所示，这两种钳子在有些资料中统称为多位钳。在实际维修中，鲤鱼钳和水泵钳可用于拆卸散热器软管和制

动系统活塞复位。

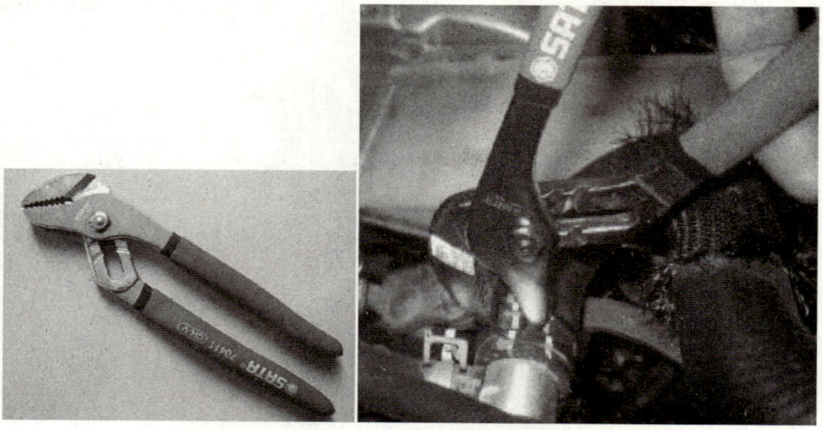

图 1-31　水泵钳及其使用

⑥ 大力钳。大力钳有双杠杆作用，能通过钳爪给零件施加一个较大的夹紧力，如图 1-32所示。钳爪的开口尺寸可通过手柄末端的滚花螺钉来调节。向外旋松调整螺钉时，钳口张开的尺寸增大；向里旋拧调整螺钉时，钳口张开的尺寸将减小。当大力钳夹紧物体时，如果想释放被夹持的物体，扳压一下释放手柄，在杠杆力的作用下，钳口将会释放工件。在实际维修中，大力钳主要用于夹紧头部已损伤的螺钉并进行拆卸，另外大力钳还可用于临时固定等待焊接的钣金件。

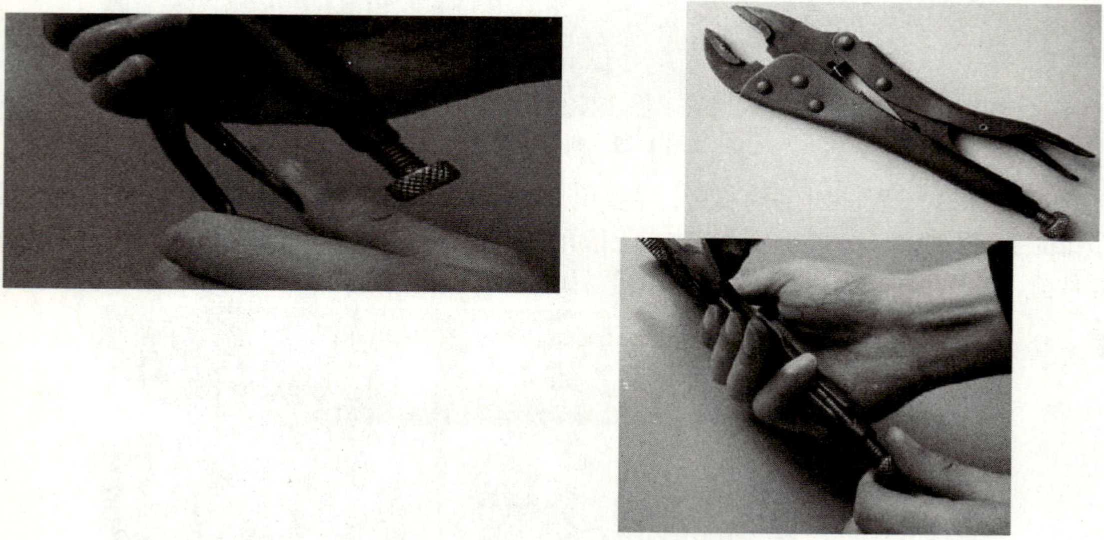

图 1-32　大力钳及其使用

⑦ 卡簧钳。卡簧钳是专门用来拆卸和安装内簧环和外簧环的工具，如图 1-33 所示。卡簧钳又称挡圈钳。轴用卡簧钳可用于将卡簧胀开，以便将卡簧从轴上拆下。孔用卡簧钳可以将卡簧收缩，以便将卡簧从轴孔内取出，如图 1-34 所示。

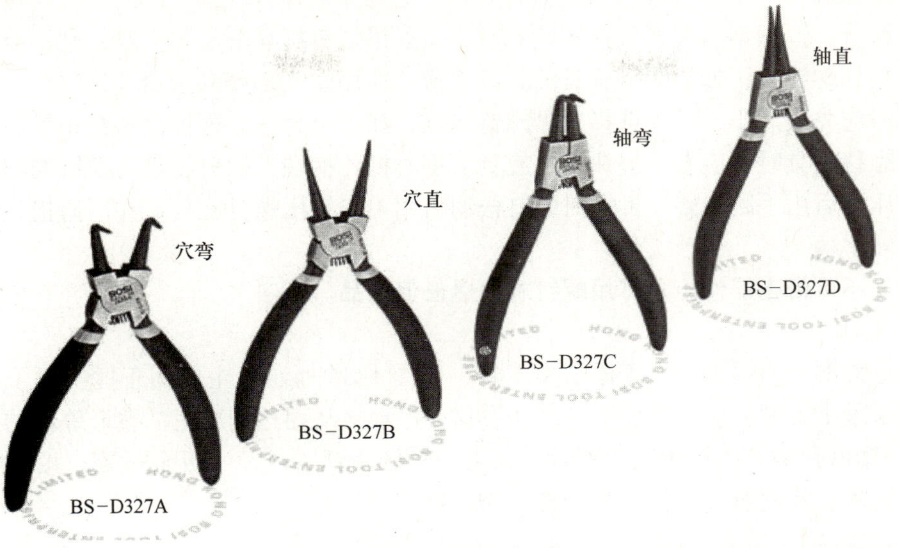

图 1-33　各种卡簧钳

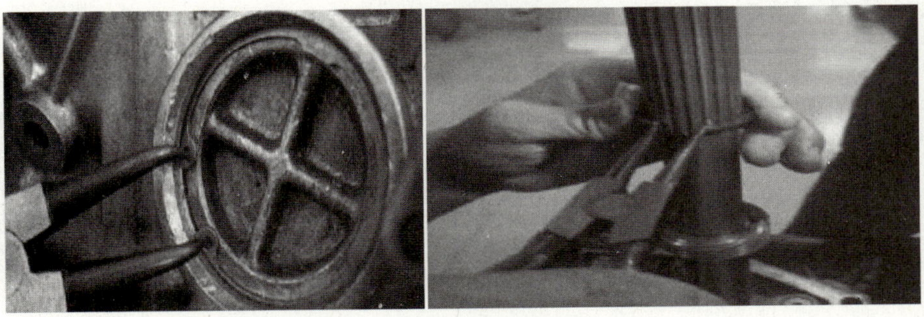

图 1-34　卡簧钳的使用

（4）螺钉旋具

螺钉旋具俗称螺丝刀、改锥或起子，主要用于旋拧小力矩、头部开有凹槽的螺栓和螺钉（图 1-35）。

螺钉旋具的类型取决于本身的结构及头部的形状，常用的有一字槽螺钉旋具、十字槽螺钉旋具。一字槽螺钉旋具用于单个槽头的螺钉，十字槽螺钉旋具用于带十字槽头的螺钉。

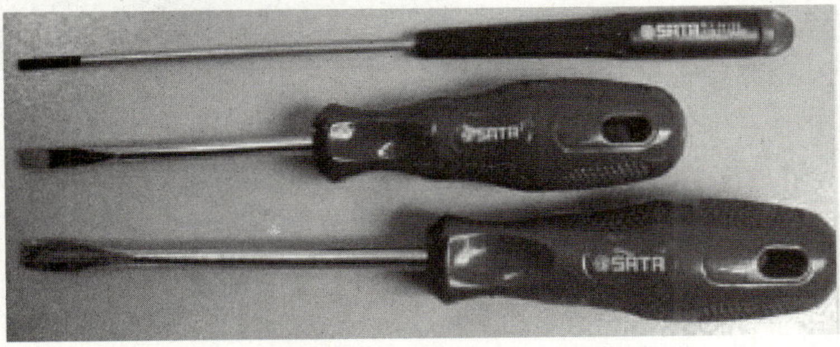

图 1-35　螺钉旋具

选用螺钉旋具时，应以沟槽的宽度为原则，应先保证螺钉旋具头部的尺寸与螺钉的槽部形状完全配合，选用不当会严重损坏螺钉旋具。如果螺钉旋具的头部太厚，则不能落入螺钉槽内，易损坏螺钉槽；如果螺钉旋具的头部太薄，使用时头部容易扭曲。

选用时应先大后小，即先选择大号螺钉旋具，如果不合适，再依次选择小号。

使用螺钉旋具时，应右手握住螺钉旋具，手心抵住柄端，螺钉旋具与螺钉的轴心必须保持同轴，压紧后用手腕扭转。拆卸时螺钉松动后用手心轻压螺钉旋具，并用拇指、食指、中指快速旋转手柄。

注意：不可带电操作；不可用螺钉旋具撬任何物品。

（5）手锤

手锤也称榔头或锤子，属于捶击类工具，如图 1-36 所示。主要用于捶击錾子、冲子等工具或用来敲击工件，使工件变形、产生位移、振动，从而达到矫正、整形等目的。

1）手锤的分类。手锤按锤头形状不同可分为圆头锤、方锤、钣金锤等；按锤头材料不同可分为铁锤、软面锤（木锤、橡胶锤、塑料锤）等。

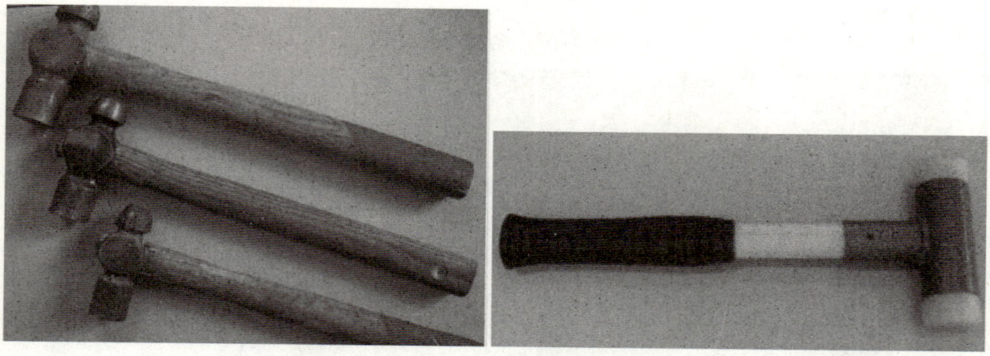

图 1-36　各类手锤

① 方锤。方锤又称大锤，制造材料为高碳钢，主要用于重型击打，在汽车维修中并不常用。钣金锤的头部为楔形，主要用于钣金整形或圆头锤不便接近的角落。

严禁使用大锤直接锤击配合表面及易损部位，因为大锤会损坏低硬度材料制成的部件，例如铝制外壳或气缸盖等，如图 1-37 所示。

图 1-37　大锤的使用

② 软面锤（软头锤）。软面锤主要用来击打不允许留下痕迹或易损坏的部位，如图 1-38所示。根据软面锤头部使用材料的不同，可分为橡胶锤、塑料锤和木锤。软面锤主要应用在汽车装配过程中用于敲击零部件，从而使零件之间形成更好的配合。

2）手锤的使用

① 手锤的握法。手锤有两种握法，如图 1-39 所示。

紧握法：右手五个手指紧握锤柄，大拇指合在食指上，虎口对准锤头方向（木柄椭圆的长轴方向），木柄尾端露出 15 ~ 30mm。在敲击和挥锤过程中，五指始终紧握锤柄。

松握法：只有大拇指和食指始终握紧锤柄，其余三指在挥锤时，按小指、无名指、中指顺序依次放松；在敲击时，又以相反的次序收拢握紧。这种方法的优点是手不易疲劳，且产生的敲击力较大。

图 1-38　软面锤的使用

手握锤柄的位置不要太靠近锤头，而要尽量靠近手柄的末端，因为这样打击时才会更省力、更灵活。

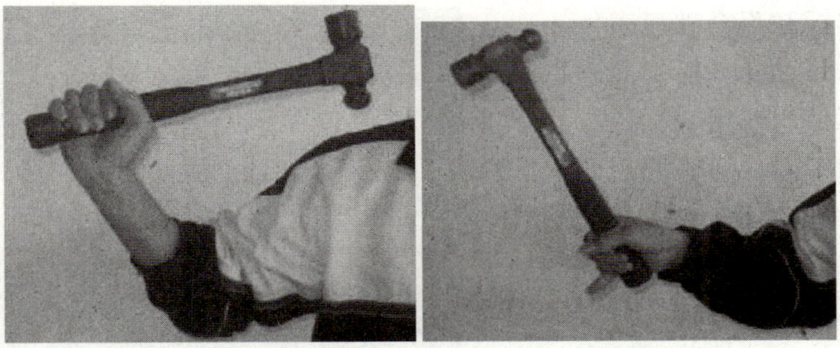
紧握法　　松握法

图 1-39　手锤的握法

② 挥锤方法。在实际操作中，根据对加工工件捶击力量的不同要求，挥锤方法有三种（图 1-40）。

腕挥：挥锤时仅用手腕的动作来进行捶击运动，捶击力小。采用紧握法握锤，一般应用于需求捶击力较小的加工工作。

肘挥：挥锤时手腕与肘部一起挥动完成捶击运动，敲击力较大。采用松握法握锤。这是一种常用的挥锤方法。

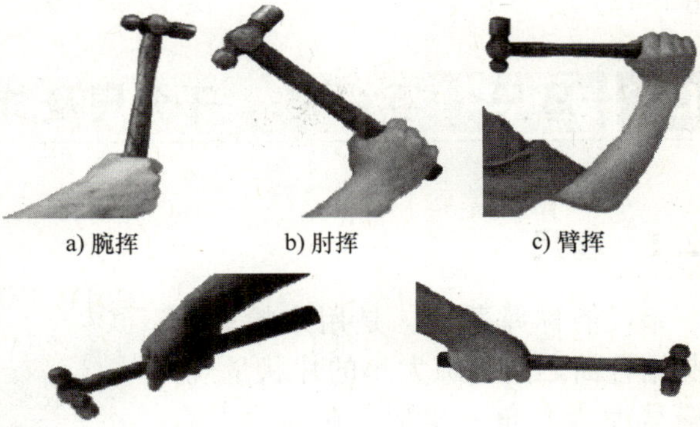
a) 腕挥　　b) 肘挥　　c) 臂挥

错误　　正确

图 1-40　挥锤的方法

臂挥：挥锤时腕、肘和臂联合动作，锤头要过耳背，捶击力最大。它适用于需要大捶击力的工作。这种方法费力大，较难掌握，但只要掌握了臂挥，其他两种方法也就容易掌握了。

注意：使用手锤时，切记要仔细检查锤头和锤把是否楔塞牢固，握锤应握住锤把后部。

使用锤子时，眼睛要注视工件，锤头面要和工作面平行，以确保锤面平整地打在工件上，不得歪斜，避免破坏工件表面形状，也防止锤子击偏，造成人员受伤和设备受损。

1.1.2　汽车专用拆装工具

汽车专用拆装工具常用的有拉拔器。拉拔器也称拉卸器或扒马，俗称扒子，主要用于汽车维修中静配合副和轴承部位的拆装。常见的拉拔器有两爪和三爪两种类型，如图 1-41 所示。

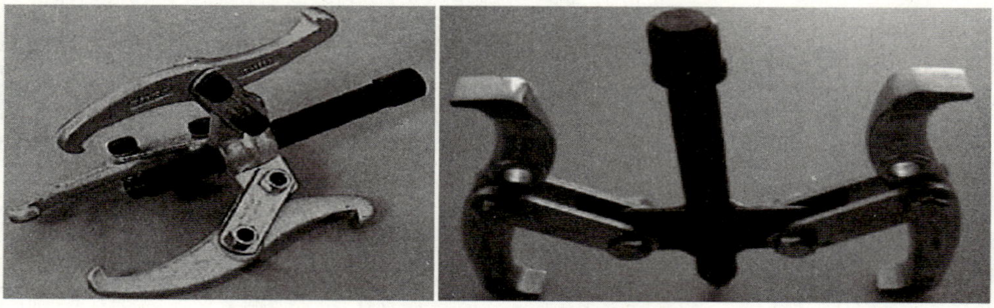

图 1-41　拉拔器

使用拉拔器拆卸不会破坏工件配合性质和工作表面，如拆卸曲轴带轮、齿轮等零件应选用三爪拉拔器，而拆卸轴承等零件最好使用两爪拉拔器。

使用时，拉臂能抓住所要拆卸的部件，使用扳手旋进中心螺杆，随着中心螺杆的旋入，拉臂上就会产生很大的拉力，直到把部件拆下（图 1-42）。

图 1-42　拉拔器的使用

1.2　塞尺、百分表、千分尺及游标卡尺

1.2.1　塞尺

塞尺俗称厚薄规，是用来检验两个相结合面之间间隙大小的片状量规。其横截面为直角三角形，在斜边上有刻度，利用锐角正弦直接将短边的长度表示在斜边上，这样就可以直接读出缝的大小了。

使用前必须先清除塞尺和工件上的污垢与灰尘。使用时可用一片或数片重叠插入间隙，以稍感拖滞为宜。测量时动作要轻，不允许硬插。也不允许测量温度较高的零件。

1.2.2　百分表

百分表如图 1-43 所示。

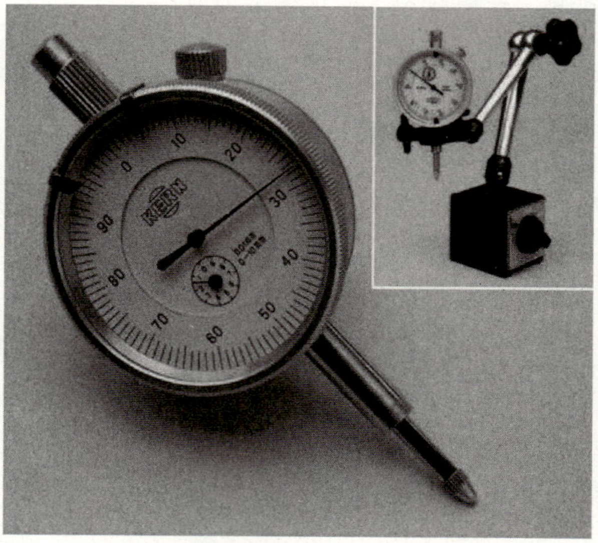

图 1-43　百分表

百分表的工作原理是将被测尺寸引起的测杆微小直线移动，经过齿轮传动放大，变为指针在刻度盘上的转动，从而读出被测尺寸的大小。百分表是利用齿条齿轮或杠杆齿轮传动，将测杆的直线位移变为指针的角位移的计量器具。

1. 读数方法

先读小指针转过的刻度线（即毫米整数），再读大指针转过的刻度线（即小数部分），并乘以0.01，然后两者相加，即得到所测量的数值。

2. 结构

百分表的结构较简单（图1-44），传动组织是齿轮系统，外廓尺度小，重量轻，传动机构惰性小，传动比较大，可采用圆周刻度，并且有较大的测量范围，不仅能做比较测量，也能做绝对测量。

百分表主要由三个部分组成：表体部分、传动系统、读数装置。

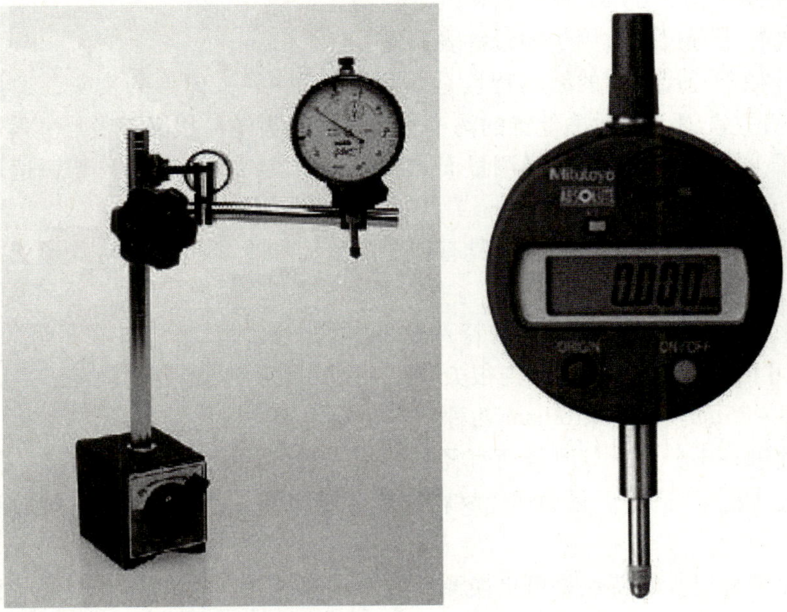

图1-44　百分表结构

3. 注意事项

1）使用前，应检查测量杆活动的灵活性。即轻轻推动测量杆时，测量杆在套筒内的移动要灵活，没有任何卡滞现象，每次手松开后，指针能回到原来的刻度位置。

2）使用时，必须把百分表固定在可靠的夹持架上。切不可贪图省事，随便夹在不稳固的地方，否则容易造成测量结果不准确，或摔坏百分表。

3）测量时，不要使测量杆的行程超过它的测量范围，不要使表头突然撞到工件上，也不要用百分表测量表面粗糙或有显著凹凸不平的工件。

4）测量平面时，百分表的测量杆要与平面垂直，测量圆柱形工件时，测量杆要与工件的中心线垂直，否则，将使测量杆活动不灵或测量结果不准确。

5）为方便读数，在测量前一般都让大指针指到刻度盘的零位。

1.2.3 千分尺

千分尺也叫螺旋测微器，是一种精密量具。

1. 种类划分

千分尺分为机械式千分尺和电子千分尺两类。

1）机械式千分尺。如标准外径千分尺，简称千分尺，是利用精密螺纹副原理测长的手携式通用长度测量工具。千分尺的品种很多。改变千分尺测量面形状和尺架等就可以制成不同用途的千分尺，如用于测量内径、螺纹中径、齿轮公法线或深度等的千分尺。

2）电子千分尺。如数显外径千分尺，也叫数显千分尺，其测量系统应用了光栅测长技术和集成电路等。电子千分尺是20世纪70年代中期出现的，用于外径的测量。

2. 分类介绍

1）游标读数外径千分尺。用于普通的外径测量。

2）小头外径千分尺。适用于测量钟表精密零件。

3）尖头外径千分尺。它的结构特点是两测量面为45°锥体形的尖头，适用于测量小沟槽，如钻头、直立铣刀、偶数槽丝锥的沟槽直径及钟表齿轮齿根圆直径尺寸等。

4）壁厚千分尺。特点是有球形测量面和平测量面及特殊形状的尺架，适用于测量管材壁厚。

5）板厚千分尺。板厚千分尺是指具有球形测量面和平测量面及特殊形状的尺架，适用于测量板材厚度的外径千分尺。

6）带测微表头千分尺。它的结构特点是，由测微头代替普通外径千分尺的固定测砧。用它对同一尺寸的工件进行分选检查很方便，而且示值比较稳定。测量范围有0～25mm、25～50mm、50～75mm和75～100mm四种。它主要用于尺寸比较测量。

7）大平面侧头千分尺。其测量面直径比较大（12.5mm），并可以更换，故测量面与被测工件间的压强较小。适用于测量弹性材料或软金属制件，如金属箔片、橡胶和纸张等的厚度尺寸。

8）大尺寸千分尺。其特点是可更换测砧或可调整测杠，这对减少千分尺数量、扩大千分尺的使用范围是有好处的。

9）翻字式读数外径千分尺。在微分筒上开有小窗口，显示0.1mm读数。

10）电子数字显示式外径千分尺。它是指利用电子测量、数字显示及螺旋副原理对尺架上两测量面间分隔的距离进行读数的外径千分尺。

11）薄片式千分尺。测量沟槽直径。

12）盘式千分尺。测正齿和斜齿齿轮的跨齿长度。

13）V形测砧千分尺。用于奇数丝锥、铰刀外径尺寸测量。

14）花键千分尺。测量齿轮槽径。

15）卡尺型内径千分尺。测量小直径、窄槽宽度。

16）螺纹千分尺。测量螺纹有效直径。

3. 结构和使用方法

如图1-45所示，图上A为测杆，测杆的活动部分加工成螺距为0.5mm的螺杆，当它在固定套管B的螺套中转动一周时，螺杆将前进或后退0.5mm，螺套周边有50个分格。大于

0.5mm 的部分由主尺上直接读出，不足 0.5mm 的部分由活动套管周边的刻线去测量。因此用千分尺测量长度时，读数也分为两步，即：

1）从活动套管的前沿在固定套管的位置，读出主尺数（注意 0.5mm 的短线是否露出）。

2）从固定套管上的横线所对活动套管上的分格数，读出不到一圈的小数，二者相加就是测量值。

千分尺的尾端有一装置 D，拧动 D 可使测杆移动，当测杆和被测物相接后的压力达到某一数值时，棘轮将滑动并有“咔咔”的响声，活动套管不再转动，测杆也停止前进，这时就可以读数了。

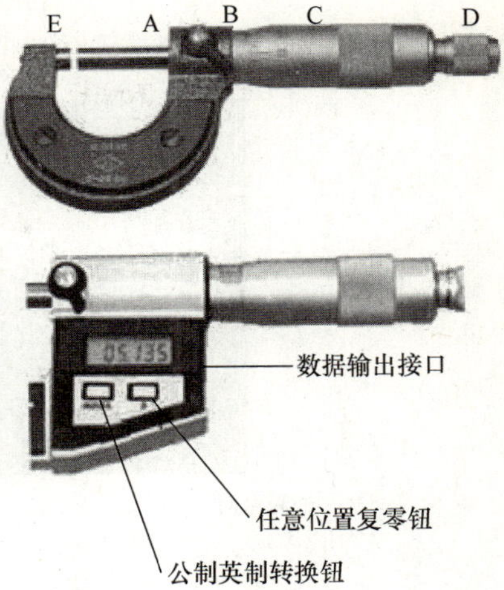

图 1-45　千分尺的结构

不夹被测物而使测杆和小砧 E 相接时，活动套管上的零线应当刚好和固定套管上的横线对齐。实际操作过程中，由于使用不当，初始状态常与上述要求不符，即有一个不等于零的读数。在测量时要先看有无零误差，如果有，则须在最后的读数上去掉零误差的数值。

4. 注意事项

1）测量时，注意要在测微螺杆快靠近被测物体时应停止使用旋钮，而改用微调旋钮，以避免产生过大的压力，这样既可使测量结果精确，又能保护千分尺。

2）在读数时，要注意固定刻度尺上表示 0.5mm 的刻线是否已经露出。

3）读数时，千分位有一位估读数字，不能随便扔掉，即使固定刻度的零点正好与可动刻度的某一刻度线对齐，千分位上也应读取为“0”。

4）当测砧和测微螺杆并拢时，可动刻度的零点与固定刻度的零点不相重合，将出现零误差，应加以修正，即在最后测长度的读数上去掉零误差的数值。

5. 正确保养

1）检查零位线是否准确。

2）测量时需把工件被测量面擦干净。

3）工件较大时应放在 V 形架或平板上测量。

4）测量前将测量杆和砧座擦干净。

5）拧活动套筒时需用棘轮装置。

6）不要拧松后盖，以免造成零位线改变。

7）不要在固定套筒和活动套筒间加入普通机油。

8）用后擦净上油，放入专用盒内，置于干燥处。

1.2.4　游标卡尺

1. 结构

游标卡尺，如图 1-46 所示，是一种测量长度、内外径、深度的量具。游标卡尺由主尺和附在主尺上能滑动的游标两部分构成。主尺一般以 mm 为单位，而游标上则有 10、20 或 50 个分格，根据分格的不同，游标卡尺可分为 10 分度游标卡尺、20 分度游标卡尺、50 分度游标卡尺等，游标为 10 分度的有 9mm，20 分度的有 19mm，50 分度的有 49mm。游标卡

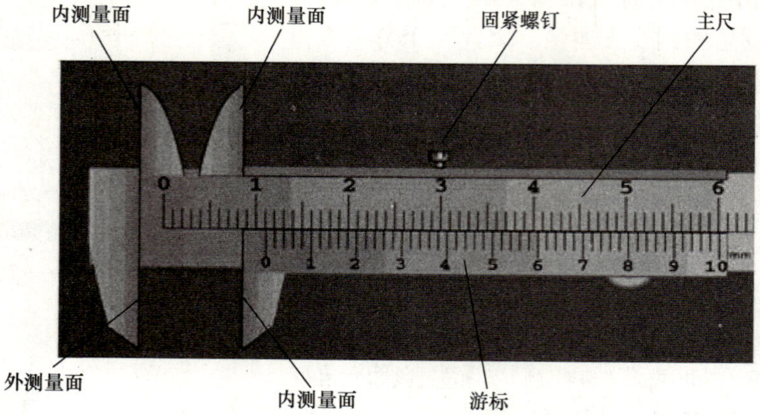

图 1-46　游标卡尺

尺的主尺和游标上有两副活动量爪，分别是内测量爪和外测量爪，内测量爪通常用来测量内径，外测量爪通常用来测量长度和外径。深度尺与游标尺连在一起，可以测槽和筒的深度。

在形形色色的计量器具家族中，游标卡尺作为一种被广泛使用的高精度测量工具，它是刻线直尺的延伸和拓展，它最早起源于中国。古代早期测量长度主要采用木杆或绳子，或用“迈步”“布手”的手法。待有了长度的单位制以后，就出现了刻线直尺。

2. 工作原理

游标卡尺是工业上常用的测量长度的仪器，它由尺身及能在尺身上滑动的游标组成，如图 1-47 所示。若从背面看，游标是一个整体。游标与尺身之间有一个弹簧片（图中未能画出），利用弹簧片的弹力使游标与尺身靠紧。游标上部有一个紧固螺钉，可将游标固定在尺身上的任意位置。尺身和游标都有量爪，利用内测量爪可以测量槽的宽度和管的内径，利用外测量爪可以测量零件的厚度和管的外径。深度尺与游标尺连在一起，可以测槽和筒的深度。

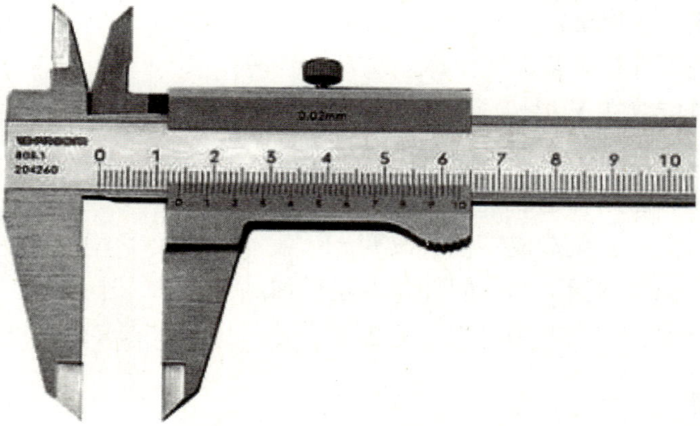

图 1-47　游标卡尺测量

尺身和游标尺上面都有刻度。以准确到 0.1mm 的游标卡尺为例，尺身上的最小分度是 1mm，游标尺上有 10 个小的等分刻度，总长 9mm，每一分度为 0.9mm，比主尺上的最小分度相差 0.1mm。量爪并拢时尺身和游标的零刻度线对齐，它们的第一条刻度线相差 0.1mm，

第二条刻度线相差0.2mm……第10条刻度线相差1mm，即游标的第10条刻度线恰好与主尺的9mm刻度线对齐。

当量爪间所量物体的线度为0.1mm时，游标尺向右应移动0.1mm。这时它的第一条刻度线恰好与尺身的1mm刻度线对齐。同样，当游标的第5条刻度线跟尺身的5mm刻度线对齐时，说明两量爪之间有0.5mm的宽度……依此类推。

在测量大于1mm的长度时，整的毫米数要从游标“0”线与尺身相对的刻度线读出。

3. 使用方法

用软布将量爪擦干净，使其并拢，查看游标和主尺身的零刻度线是否对齐。如果对齐就可以进行测量；如没有对齐，则要记取零误差。游标的零刻度线在尺身零刻度线右侧的叫正零误差，在尺身零刻度线左侧的叫负零误差（这件规定方法与数轴的规定一致，原点以右为正，原点以左为负）。

（1）测量零件的外尺寸

卡尺两测量面应平行于被测量表面，不能歪斜，使待测物位于外测量爪之间，与量爪紧紧相贴。测量时，可以轻轻摇动卡尺，放正垂直位置，如图1-48a所示，否则，量爪若在如图1-48b所示的错误位置上，将使测量结果 a 比实际尺寸 b 要大。先把卡尺的活动量爪张开，使量爪能自由地卡进工件，把零件贴靠在固定量爪上，然后移动尺框，用轻微的压力使活动量爪接触零件。如卡尺带有微动装置，此时可拧紧微动装置上的固定螺钉，再转动调节螺母，使量爪接触零件并读取尺寸。决不可把卡尺的两个量爪调节到接近甚至小于所测尺寸，把卡尺强制卡到零件上去。这样做会使量爪变形，或使测量面过早磨损，使卡尺失去应有的精度。

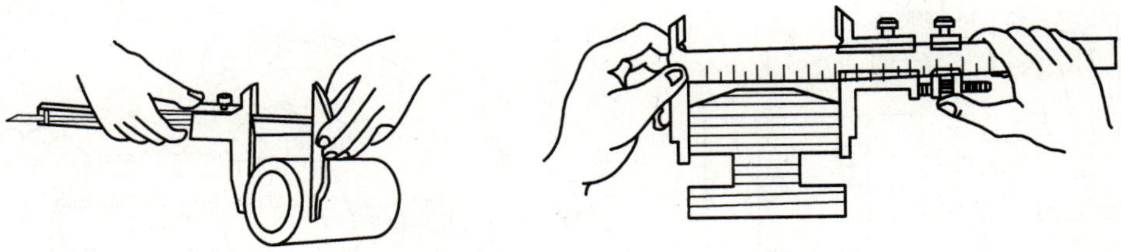
a) 正确

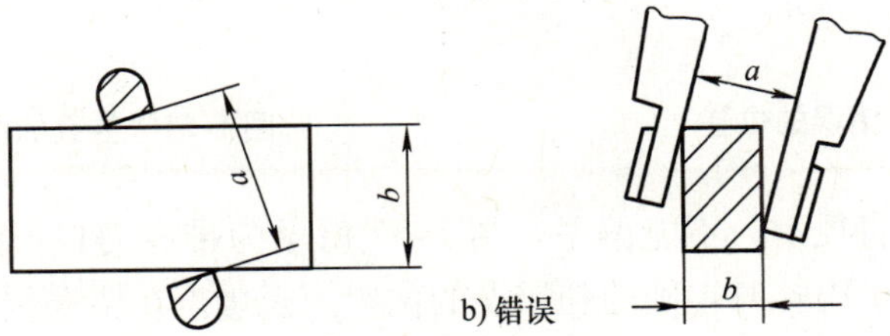

b) 错误

图1-48　测量外尺寸时正确与错误的位置

（2）测量沟槽

应当用量爪的平面测量刃进行测量，尽量避免用端部测量刃和刀口形量爪测量外尺寸。而对于圆弧形沟槽尺寸，则应当用刃口形量爪进行测量，不应当用平面形测量刃进行测量，如图1-49所示。

（3）测量沟槽宽度

测量时要放正游标卡尺的位置，使卡尺两测量刃平行于沟槽（图1-50），不能歪斜，否

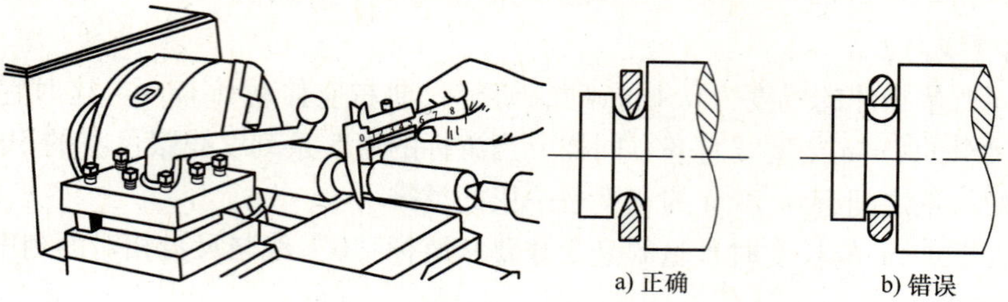
a) 正确　b) 错误

图 1-49　测量沟糟宽度时正确与错误的位置

则，量爪若在如图 1-50b 所示的错误位置上，也将使测量结果不准确（可能大也可能小）。

（4）测量零件的内孔尺寸

如图 1-51 所示，要使量爪分开的距离小于所测内孔尺寸，进入零件内孔后，再慢慢张开并轻轻接触零件内表面，用固定螺钉固定尺框后，轻轻取出卡尺读数。取出量爪时，用力要均匀，并使卡尺沿着孔的中心线方向滑出，不可歪斜，以免使量爪扭伤、变形和受到不必要的磨损，使尺框走动，影响测量精度。

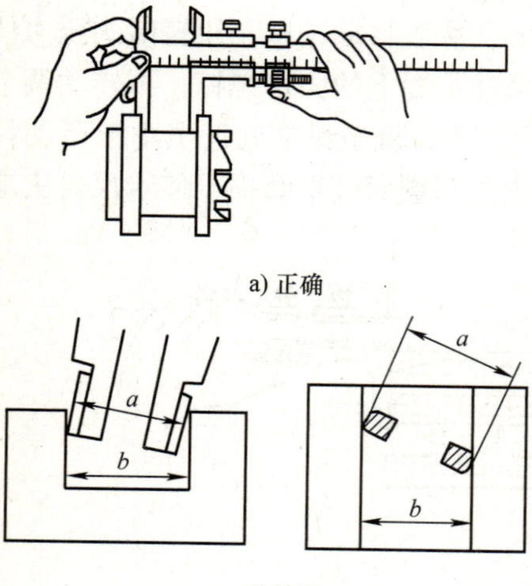

a) 正确

b) 错误

图 1-50　测量沟糟宽度时正确与错误的位置

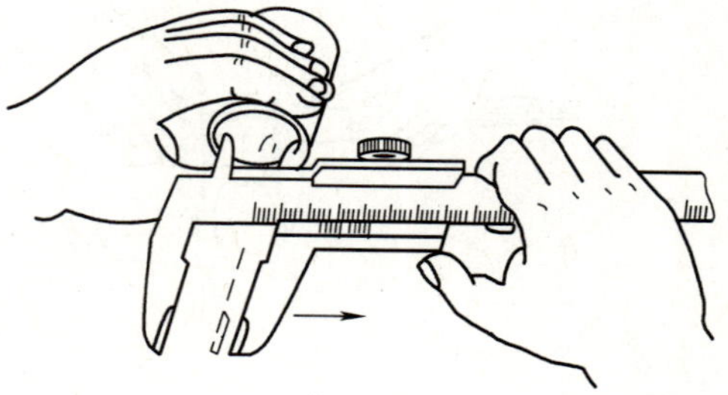
图 1-51　内孔的测量方法

卡尺两测量刃应在孔的直径上，不能偏歪。图 1-52 所示为带有刀口形量爪和带有圆柱面形量爪的游标卡尺，在测量内孔时正确的和错误的位置。当量爪在错误位置时，其测量结果，将比实际孔径 D 要小。

4. 读数方法

读数时首先以游标零刻度线为准在尺身上读取毫米整数，即以毫米为单位的整数部分。然后看游标上第几条刻度线与尺身的刻度线对齐，如第 6 条刻度线与尺身刻度线对齐，则小数部分即为 0.6mm（若没有正好对齐的线，则取最接近对齐的线进行读数）。如有零误差，则一律用上述结果减去零误差（零误差为负，相当于加上相同大小的零误差），读数结果为

$$L = 整数部分 + 小数部分 - 零误差$$

判断游标上哪条刻度线与尺身刻度线对准，可用下述方法：选定相邻的三条线，如左侧

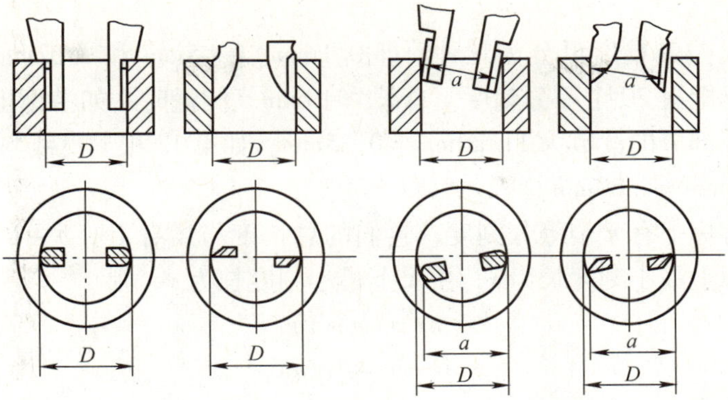

a) 正确　　b) 错误

图 1-52　测量内孔时正确与错误的位置

的线在尺身对应线之右，右侧的线在尺身对应线之左，中间那条线便可以认为是对准了。

L = 对准前刻度 + 游标上第 n 条刻度线与尺身的刻度线对齐 × 分度值

如果需要测量几次取平均值，则不用每次都减去零误差，只要从最后的结果减去零误差即可。

以图 1-53 为例介绍游标卡尺的刻度读法。

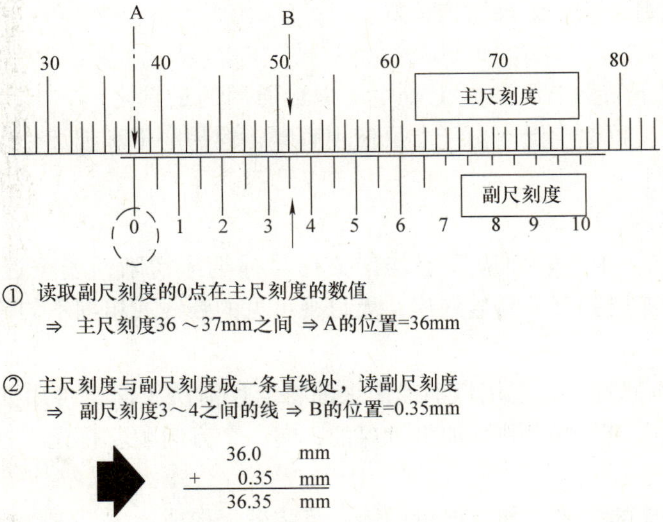

图 1-53　游标卡尺的刻度读法

1）在主尺上读出副尺零刻度线以左的刻度，该值就是最后读数的整数部分。图 1-53 所示是 36mm。

2）副尺上一定有一条与主尺的刻线对齐，在副尺上读出该刻线距副尺的零刻度线以左的刻度的格数，乘上该游标卡尺的精度 0.02mm，就得到最后读数的小数部分。或者直接在副尺上读出该刻线的读数，图 1-53 所示为 0.35mm。

3）将所得到的整数和小数部分相加，就得到总尺寸为 36.35mm。

5. 精度

常用游标卡尺按其精度可分为三种，即0.1mm、0.05mm和0.02mm。精度为0.05mm的游标卡尺的游标上有20个等分刻度，总长为19mm。测量时，如游标上第11根刻度线与主尺对齐，则小数部分的读数为11/20mm=0.55mm；如第12根刻度线与主尺对齐，则小数部分读数为12/20mm=0.60mm。

一般来说，游标上有n个等分刻度，它们的总长度与尺身上（$n-1$）个等分刻度的总长度相等，若游标上最小刻度长为x，主尺上最小刻度长为y，则

$$nx=(n-1)y$$

$$x=y-(y/n)$$

主尺和游标的最小刻度之差为

$$\Delta x=y-x=y/n$$

y/n叫游标卡尺的精度，它决定读数结果的位数。由公式可以看出，提高游标卡尺的测量精度在于增加游标上的刻度数或减小主尺上的最小刻度值。一般情况下y为1mm，n取10、20、50，其对应的精度为0.1mm、0.05mm、0.02mm，最高精度为0.02mm。机械式游标卡尺由于受到本身结构精度和人的眼睛对两条刻线对准程度分辨能力的限制，其精度不能再提高了。

6. 保管方法

游标卡尺使用完毕，用棉纱擦拭干净。长期不用时应将它擦上润滑脂或润滑油，两量爪合拢并拧紧紧固螺钉，放入卡尺盒内盖好。

7. 常规维修

游标卡尺（以下简称卡尺）是工业生产中最通用的量具之一，卡尺的结构简单，使用方便，测量范围大，用途广泛。由于卡尺使用频繁，容易磨损和损坏，现将使用中常见故障的排除方法总结如下。

（1）外观的修理

1）外观的要求。卡尺表面应镀层均匀，标尺标记应清晰，表蒙透明清洁，不应有锈蚀、碰伤、毛刺、镀层脱落及明显划痕，无目视可见的断线或粗细不匀等以及影响外观质量的其他缺陷。

2）外观的基本修理。首先用汽油或用煤油将卡尺清洗干净，再用细油石去掉毛刺，然后用零号细砂纸或用380号小砂纸加少量煤油，向一个方向顺着打光，打光后的表面，纹路力求均匀一致。

对于卡尺刻线面的打光，如有严重锈蚀，可将砂纸剪成比主尺宽度略小的窄条，用手压在主尺刻线面上进行打磨，防止产生断线现象。

对于镀铬卡尺，只要清洗干净，用碳化硼油石打掉毛刺即可，一般不必打光，以免镀铬层被打磨掉。

3）量爪折断的修理。如折断部分较短，可将量爪同时用砂轮磨短磨齐。如折断部分较长或全部折断，可将两量爪全部磨去，修成单面量爪使用。

4）其他明显损坏部分的修理。卡尺使用中，由于意外事故，可能造成量爪扭曲、尺框变形或卡死，以及主尺严重弯曲等明显损坏。量爪扭曲和游框严重变形时，可夹在台虎钳中和平板上用木锤矫正。

(2) 卡尺各部分相互作用的要求和修理

要求：尺框沿尺身移动应手感平稳，不应有阻滞或松动现象。

1) 尺框产生卡滞和晃动的修理

① 主尺弯曲变形，可能由于内应力没有消除造成，可在夹压平口钳上进行调直，也可以放在木板上用硬木锤或表面光滑的纯铜锤调直。

② 主尺基准面平直度和平行度不好的，应在平板工作面上纵向推拉研磨主尺基准面，也可粗研量爪测量面，以达到使用要求。

2) 尺框、游标与主尺间隙的修理

① 在尺框内底面的两侧，用锡焊焊上两条适当厚度的薄铜片或钢片。

② 对于死游标的卡尺，可用外径合适的金属棒放在游标斜面上，用台虎钳挤压。

③ 对于活游标卡尺，可用小锉将游标底面修得向内侧倾斜一些；也可将尺框上与游标贴合的面锉低或在平面磨上磨去一层。

3) 微动装置的修理。微动尺框的槽磨损后，产生空行程，间隙小的，可在台虎钳上将凹槽夹窄一些，用小锉修整即可；间隙过大时，则应配制适应长度的螺母。

4) 卡尺弹簧片的修理与配制。在多次合拢量爪时，间隙或有或无、或大或小的现象多半是弹簧片失去弹力作用造成的，应及时更换新的弹簧片，并使弹簧片适应尺身的大小，不能使游框过紧或过松。

5) 卡尺零位的调整

① 使用调整压活游标螺钉位置的方法。

② 长期使用无法用上述方法，可用改装法，在尺框上打孔，攻螺纹，打好定心孔，即可装好游标，对好零位。

(3) 刀口形内量爪上下两平面摩擦的修理

首先查清哪个量爪变形，然后进行调整。可用铜锤或木锤敲击调直方向，但冲击力不能过大，以免量爪变形更大或击断。

(4) 卡尺测量面的平面性和平行性的修理

手工研磨是现在普遍使用的修理方法。研磨时将卡尺夹在台虎钳上，手和研磨器应放平，用力均匀，不可偏斜。测量面研磨余量较大时，应先用油石粗磨。

平行性的修理通常与平面性的修理同时进行。研磨器是修理卡尺平面性和平行性的主要工具。

(5) 卡尺示值误差的修理

应根据产生误差的原因有针对性地修理。由于示值误差综合反映了卡尺各部分的误差，在其他各部分修理合格后，示值误差一般也会符合要求。

(6) 测深卡尺平直度的修理

可在木板上用木锤调直，如测深根部不合适，应予修复或更换新的配件。更换的配件过长时，可用手动砂轮进行修磨。一定要注意夹紧夹平卡尺，这样才能保证测深部分平直。

8. 注意事项

1) 游标卡尺是比较精密的测量工具，要轻拿轻放，不得碰撞或跌落地下。使用时不要用来测量表面粗糙的物体，以免损坏量爪；避免与刃具放在一起，以免刃具划伤游标卡尺的表面。不使用时应置于干燥中性的地方，远离酸碱性物质，防止锈蚀。

2）测量前应把卡尺擦拭干净；检查卡尺的两个测量面和测量刃口是否平直无损；把两个量爪紧密贴合时，应无明显的间隙；同时游标和主尺的零位刻线要相互对准（这个过程称为校对游标卡尺的零位）。

3）移动尺框时，活动要自如，不能过松或过紧，更不能有晃动现象。用固定螺钉固定尺框时，卡尺的读数不应有变化。在移动尺框时，不要忘记松开固定螺钉，亦不宜过松，以免螺钉掉落。

4）当测量零件的外尺寸时，卡尺两测量面应平行于被测量表面，不能歪斜。决不可把卡尺的两个量爪调节到接近甚至小于所测尺寸，把卡尺强制卡到零件上去。这样做会使量爪变形，或使测量面过早磨损，使卡尺失去应有的精度。

5）用游标卡尺测量零件时，不允许过分地施加压力，所用压力应使两个量爪刚好接触零件表面。如果测量压力过大，不但会使量爪弯曲或磨损，且量爪在压力作用下会产生弹性变形，使测量得到的尺寸不准确（外尺寸小于实际尺寸，内尺寸大于实际尺寸）。

6）在游标卡尺上读数时，应水平地拿着卡尺，朝着亮光的方向，使人的视线尽可能和卡尺的刻线表面垂直，以免由于视线的歪斜造成读数误差。

7）为了获得正确的测量结果，可以多测量几次。即在零件的同一截面上的不同方向进行测量。对于较长零件，则应当在全长的各个部位进行测量，务必获得一个比较正确的测量结果。

1.3 万用表的使用

万用表有数字式万用表和指针式万用表两种。

数字式万用表是一种多用途电子测量仪器，一般包含安培计、电压表、电阻计等功能，有时也称为万用计、多用计、多用电表或三用电表，如图 1-54 所示。

数字式万用表有用于基本故障诊断的便携式装置，也有放置在工作台的装置，有的分辨率可以达到七八位。

数字式多用表（DMM）就是在电气测量中要用到的多功能电子仪器。它可以有很多特殊功能，但主要功能是对电压、电阻和电流进行测量。数字多用表作为现代化的多用途电子测量仪器，主要用于物理、电气、电子等测量领域。

图 1-54　数字式万用表

1. 指针式万用表（图 1-55）**的使用注意事项**

1）在使用万用表之前，应先进行“机械调零”，即在没有被测电量时，使万用表指针指在零电压或零电流的位置上。

2）在使用万用表的过程中，不能用手去接触表笔的金属部分，这样一方面可以保证测量准确，另一方面也可以保证人身安全。

3）在测量某一电量时，不能在测量的同时换档，尤其是在测量高电压或大电流时更应注意。否则，会毁坏万用表。如需换档，应先断开表笔，换档后再进行测量。

图1-55　指针式万用表

4）指针式万用表在使用时，必须水平放置，以免造成误差。同时，还要注意避免外界磁场对万用表的影响。

5）万用表使用完毕时，应将转换开关置于交流电压的最大档。如果长期不使用，还应将万用表内部的电池取出，以免电池腐蚀表内其他零件。

2. 指针式万用表电阻档的使用

1）选择合适的倍率。在使用电阻表测量电阻时，应选适当的倍率，使指针指示在中值附近。最好不使用刻度左边1/3的部分，这部分刻度过于密集，读出的电阻数值精度不高。

2）使用前要调零。指针式万用表在使用前要进行调整，先观察万用表的指针是否与左边零刻度线对齐重合，若不重合就要进行“机械调零”。方法是，用一把大小合适的螺钉旋具调整指针式万用表上的机械调零旋钮，直到指针与零刻度线重合。

3）不能带电测量。

4）被测电阻不能有并联支路。

5）测量晶体管、电解电容等有极性元件的等效电阻时，必须注意两支笔的极性。

6）用万用表不同倍率的电阻档测量非线性元件的等效电阻时，测出的电阻值是不相同的。这是各档位测量非线性元件时，流过非线性元件的测量电流各不相同所造成的。

3. 万用表测直流电量

1）进行机械调零。

2）选择合适的量程档位。

3）使用万用表电流档测量电流时，应将万用表串联在被测电路中，因为只有串联才能使流过电流表的电流与被测电路电流相同。测量时，应断开被测电路，将万用表红、黑表笔串接在被断开的两点之间。特别应注意电流表不能并联在被测电路中，否则极易烧毁万用表。

4）注意被测电压和电流的极性。

5）正确使用刻度和读数。

6）当选取用直流电流的2. 5A档时，万用表红表笔应插在2. 5A测量插孔内，量程开关可以置于直流电流档的任意量程上。

4. 万用表测电容

指针式万用表和数字式万用表的使用区别：数字式万用表可以定量地测量电容器的电容量，而指针式万用表只能够定性地判断电容器性能的好坏。

“定量地测量电容器的电容量”这一功能对于维修电工而言是十分有用的。因为各种电容器，特别是电解电容器，长期（3~5 年）使用后会出现老化现象，导致电容量下降，影响电气装置的工作。因此，及时发现电容器的老化程度，及时更换，防患于未然，是十分重要的。一般电容器的电容量比额定容量下降 10%之后，就必须予以更换。

维修工作中，常见的需要检测的电容器包括：①电子电路中的大容量电解电容，一般是滤波电容；②交流单相电动机的起动电容器；③电子装置（如电视机）中的高压电容器。

1.4 综合检测

1）说明图 1-56 所示工具的名称。

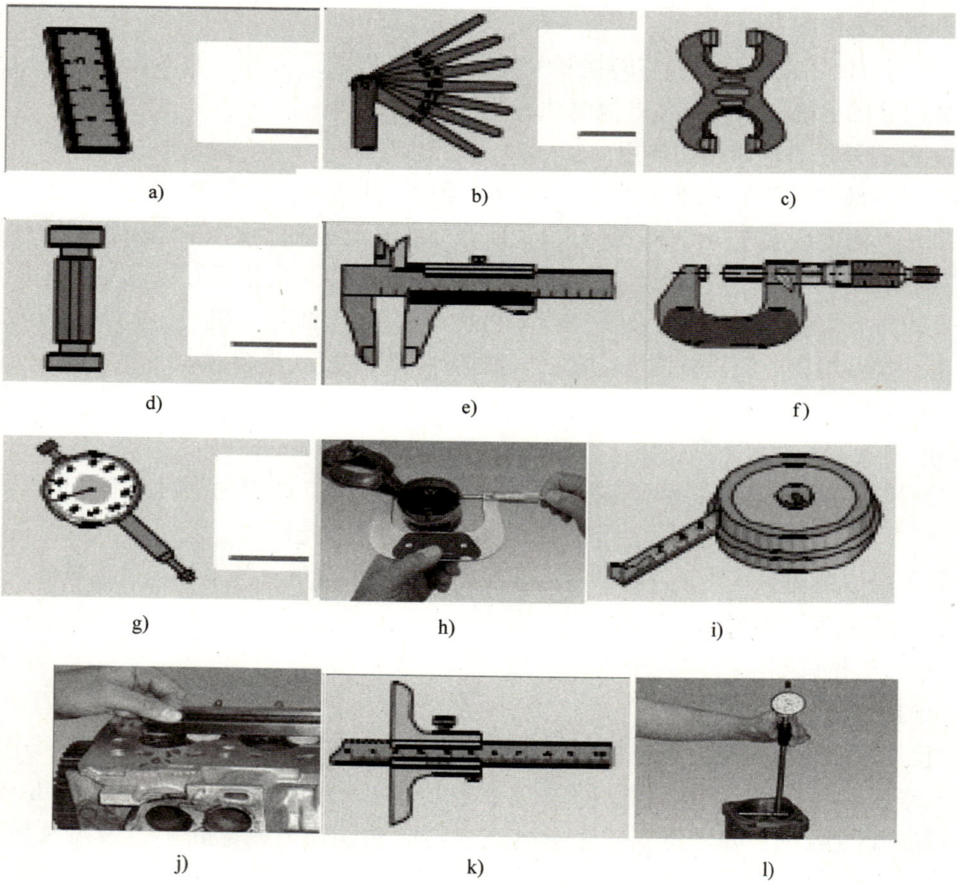

图 1-56 综合检测 1

2）说明图 1-57 所示工具的名称及测量内容。

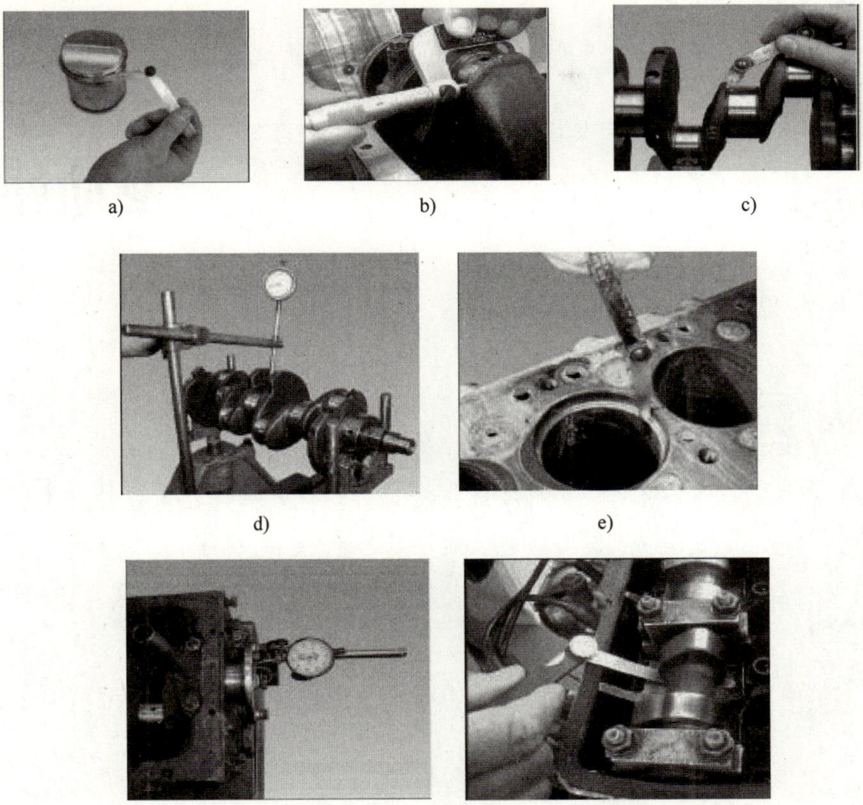

a)　b)　c)　d)　e)　f)　g)

图 1-57　综合检测 2

扫一扫

第 1 章综合检测答案

第 2 章

CHAPTER 2

发动机拆解

【任务导入】

在对发动机进行拆解时，利用之前我们介绍过的工具，首先要对发动机的外围部件进行拆解，并排出发动机内的油液，然后对发动机进行拆解。

【学习目标】

能使用工具对发动机进行解体，并了解发动机的结构及外围部件的布局。掌握部件的拆装顺序和要求。

扫一扫

发动机整体结构

2.1 发动机的拆解步骤

1）检查外观并拆卸发电机。发电机如图 2-1 所示。

图 2-1　发电机位置

2）拆卸发动机线束。发动机线束如图 2-2 所示。

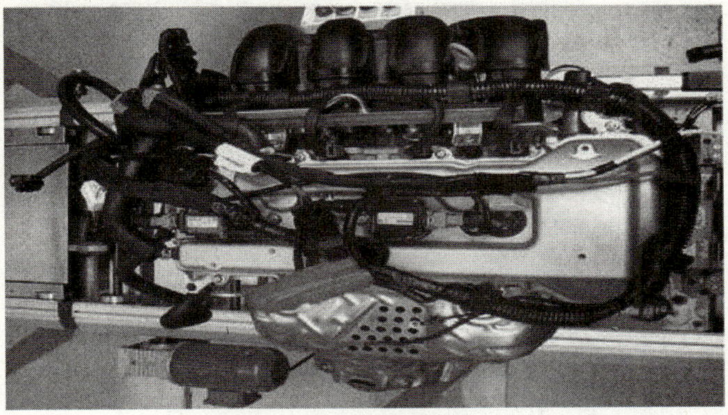

图 2-2　发动机线束

3）拆卸排气歧管。排气歧管如图 2-3 所示。

图 2-3　排气歧管

4）拆卸进气歧管。进气歧管如图 2-4 所示。

图 2-4　进气歧管

5）拆卸点火线圈（图 2-5）、气缸盖罩。

6）拆卸紧链器、发动机支架、带轮、传动带张紧装置、水泵、正时链罩。拆卸紧链器，如图 2-6 所示；拆卸带轮，如图 2-7 所示。

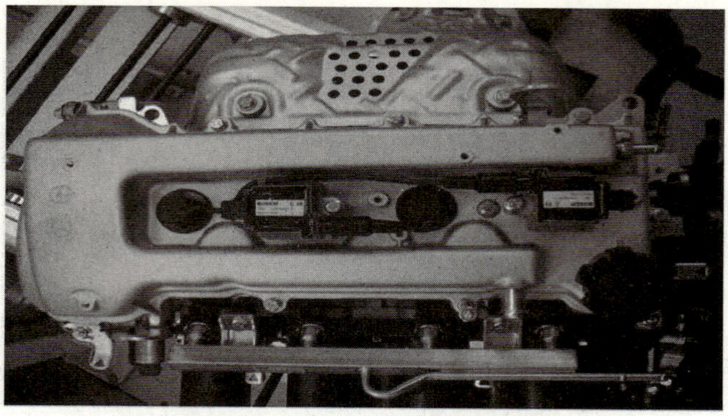

图 2-5　拆卸点火线圈

图 2-6　拆卸紧链器

图 2-7　拆卸带轮

7）拆卸正时传动系统。拆卸正时带，如图 2-8 所示。

8）拆卸离合器、飞轮，如图 2-9 所示。

9）拆卸凸轮轴、气缸盖、气缸盖垫。

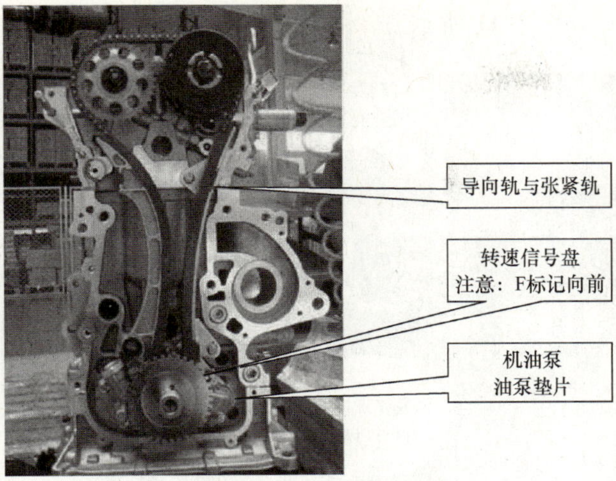

图 2-8　拆卸正时带

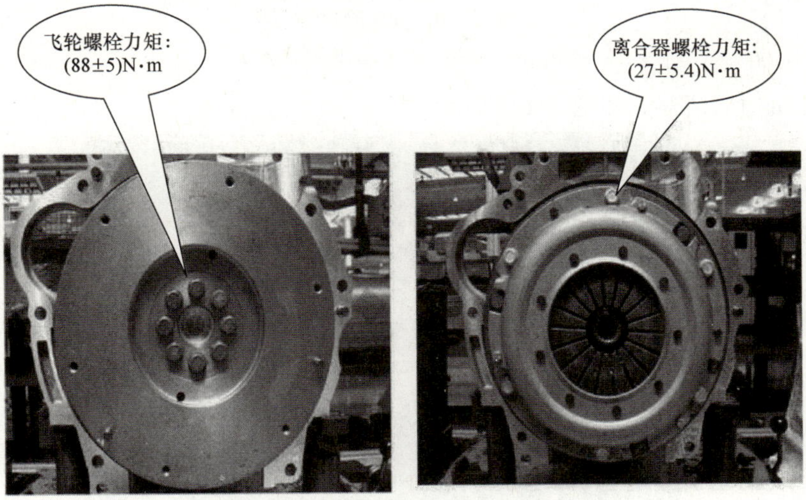

图 2-9　拆卸离合器和飞轮

拆卸气缸盖，如图 2-10 所示。

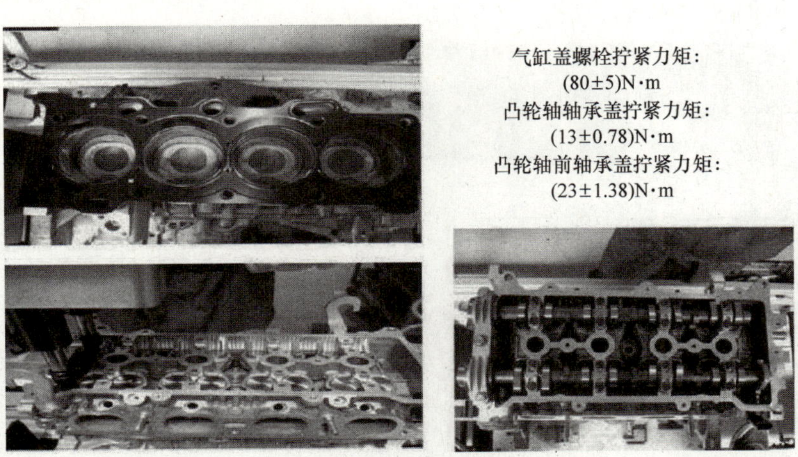

图 2-10　拆卸气缸盖

10）拆卸油底壳，如图 2-11 所示。

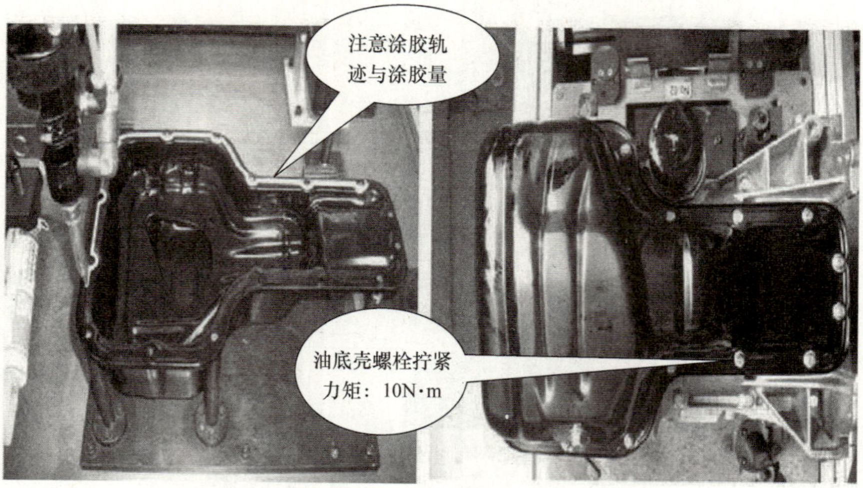

图 2-11　拆卸油底壳

注：左图为装配时需涂抹密封胶密封。

11）拆卸机油滤清器，如图 2-12 所示。

图 2-12　拆卸机油滤清器

12）拆卸机油泵、油封，如图 2-13 所示。

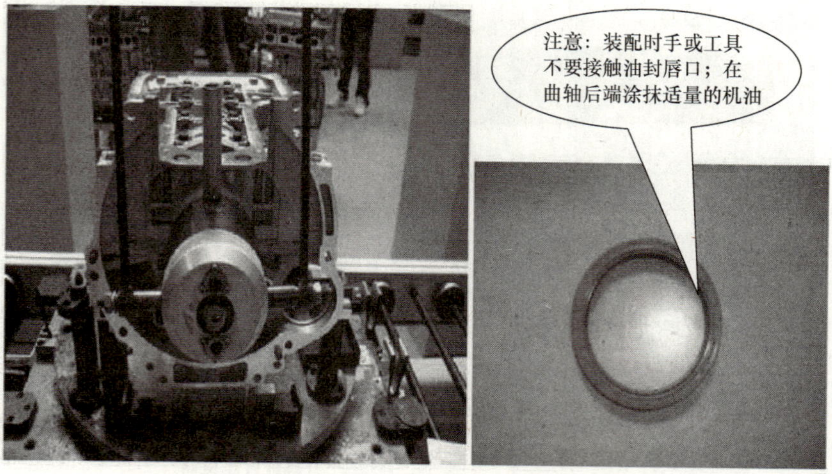

图 2-13　机油泵及油封

13）拆卸活塞，如图2-14所示。装配时要进行配瓦，使用卡箍装活塞，如图2-15所示。

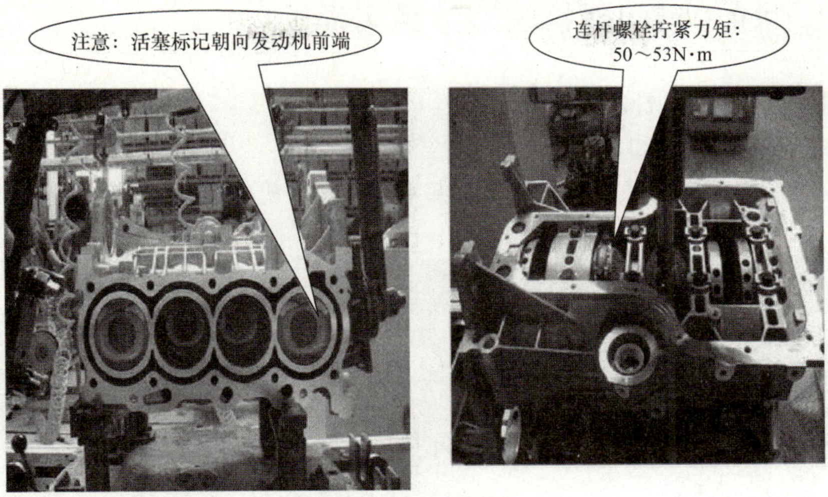

图2-14　拆卸活塞

图2-15　配瓦及安装活塞

14）拆卸曲轴箱螺栓、主轴承螺栓，如图2-16所示。

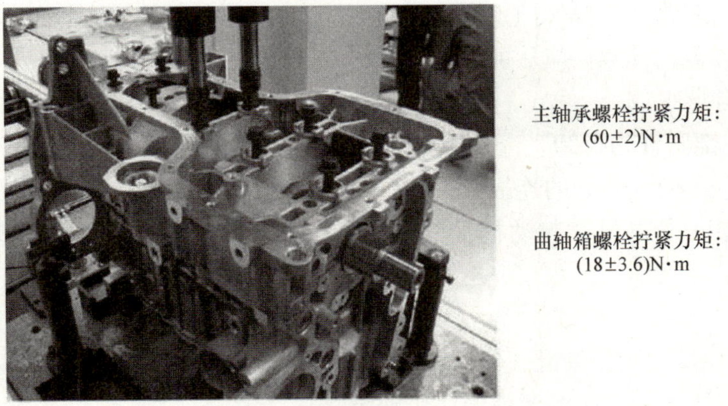

图2-16　拆卸主轴承螺栓

最后拆卸曲轴，完成发动机拆卸。

2.2 发动机外部机件拆卸及注意事项

曲柄连杆机构部件如图 2-17 所示。

1. V 带及齿形带的拆卸

1）旋松发动机撑紧臂的固定螺栓，拆卸水泵、发动机的传动 V 带（图 2-18）。

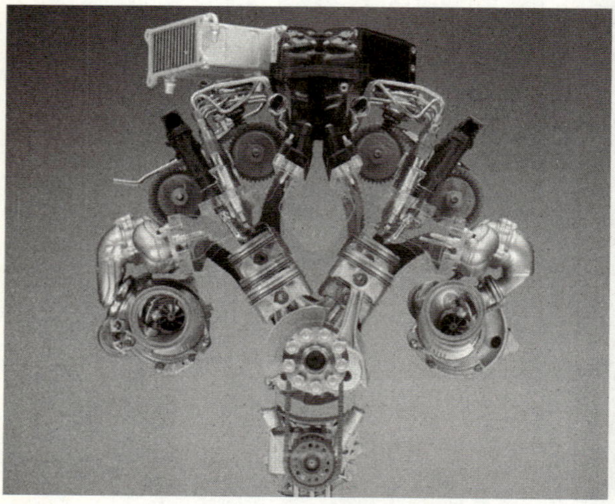

图 2-17　曲柄连杆机构部件

图 2-18　发动机 V 带

2）拆卸水泵带轮、曲轴带轮，拆卸齿形带上防护罩，注意观察正时标记。

3）旋松齿形带张紧轮紧固螺母，转动张紧轮的偏心轴，使齿形带松弛，取下齿形带。

4）拆下曲轴齿形带轮、中间轴齿形带轮，拆下齿形带后防护罩。

2. 发动机机体解体

1）放出油底壳内机油，拆下油底壳，更换机油密封衬垫。

2）拆卸机抽泵、机油滤清器。

3）拆卸气门室罩，更换气门室罩密封垫。

4）拆下气缸盖，其螺栓应从两端向中间分次、交叉拧松。

5）拆卸离合器总成。

3. 发动机外部附件的拆卸

1）拆卸水泵上尚未拆卸的连接管。

2）拆卸水泵、发电机、起动机、分电器、汽油泵、机油滤清器、化油器、进排气歧管、火花塞等。

4. 装配

按照与拆卸相反的顺序装配，各部件应按规定力矩拧紧。

1）安装油底壳，安装机油滤清器、机油泵。

2）安装气缸盖，其螺栓应从中间向两端分次、交叉拧紧。

3）装复发动机的外部附件。

4）安装V带及齿形带，检查传动带的张紧度。

2.3 拆卸正时带或链条

正时带（图2-19）是发动机配气系统的重要组成部分，通过与曲轴的连接并配合一定的传动比来保证进、排气时间的准确。使用带传动而不是齿轮传动是因为带传动噪声小，传动精确，自身变化量小而且易于补偿。显而易见，传动带的寿命肯定要比金属齿轮短，因此要定期更换正时带。

图2-19 正时带安装位置

正时带的作用就是当发动机运转时，活塞的行程（上下的运动）、气门的开启与关闭（时间）、点火的顺序（时间）在正时带的作用下，时刻要保持同步运转。

正时，就是通过发动机的正时机构，让每个气缸正好做到：活塞向上正好到上止点时，气门正好关闭，火花塞正好点火。

正时带属于耗损品，而且正时带一旦断裂，凸轮轴当然不会正时运转，此时极有可能导致气门与活塞撞击而造成严重毁损，因此正时带一定要依据原厂指定的里程或时间更换。

汽车发动机工作过程中，在气缸内不断发生进气、压缩、爆炸燃烧、排气四个过程，并且每个过程的时机都要与活塞的运动状态和位置相配合，使进气与排气及活塞升降相互协调起来，正时带在发动机里扮演了桥梁的作用，在曲轴的带动下将能量传递给相应机件。有许多高档汽车为保证正时系统工作稳定，采用金属链条来替代传动带。由于车辆正时齿形带断裂后会造成发动机气门损坏，危害较大，一般厂家都对正时带规定有更换周期。

正时带属于橡胶部件，随着发动机工作时间的增加，正时带和正时带的附件，如正时带张紧轮、正时带张紧器等都会发生磨损或老化。因此，凡是装有正时带的发动机，厂家都会有严格要求，在规定的周期内定期更换正时带及附件。更换周期则随着发动机的结构不同而有所不同，一般在车辆行驶到6万~10万km或三年时应该更换。新车更换时间可以适当延长一些。具体的更换周期应该以车辆的保养手册说明为准。

正时带破裂时，如果带被咬住，那么气门停在打开状态，同时发动机停止运转；破裂时如果发动机空转，就意味着在行程顶部的活塞与张开的气门之间存有空隙。这两种情况下的破裂，损坏的只是正时带本身。但是，如果发动机是过盈配合设计，活塞和气门占据着相同的空间，它们之间没有间隙，那么很快就会损坏其他部件，如气门被弯曲，活塞受冲压等。这些故障将使车主破费更多，而且还面临长时间不能用车的麻烦。因此，应该让顾客了解定期检查、及时更换正时带的重要性。同时，也应该让车主知道：常规保养时更换正时带，比日后拖进修理厂进行大修要便宜简单很多。

正时带没有破裂，并不意味着它没有问题。随着正时带越用越旧和自然老化，它拉伸的程度势必超过张紧装置能够补偿的范围，因而产生正时带轮打滑。而轮齿磨损、有润滑油附着等也会导致打滑。检查时，如果正时带有硬度降低、磨蚀、纤维断裂，或者裂纹、裂缝的现象，就表明正时带已破损，不可以继续使用。接下来，检查带轮故障。损坏的带轮能“烧毁”正时带材料，并加剧带齿磨损。带轮故障还可能使气门机构对正时带产生更大的阻力。

不过随着汽车技术水平的发展，部分发动机的正时带已被链条所替代（图 2-20）。正时链条由强度较大的钢材制成，如图 2-21 所示。众所周知，金属的强度要远远大于橡胶，这就使其变形程度大大降低，跳齿和断裂发生的概率微乎其微。

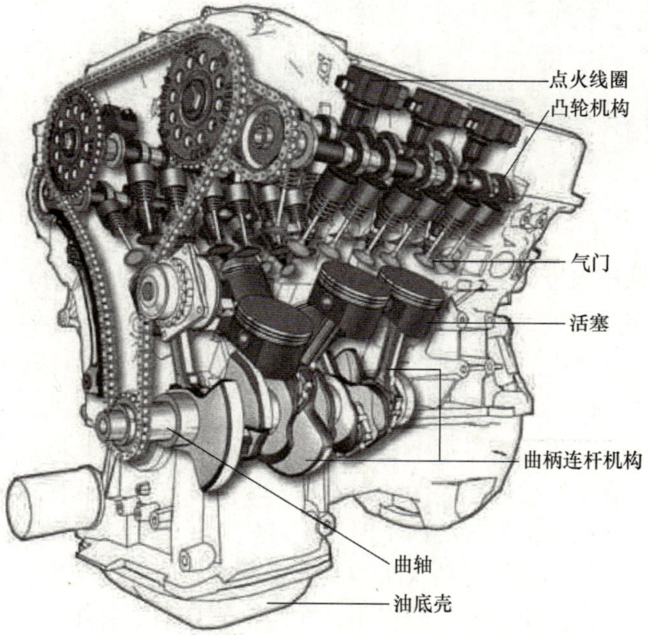

图 2-20　正时链条的安装位置

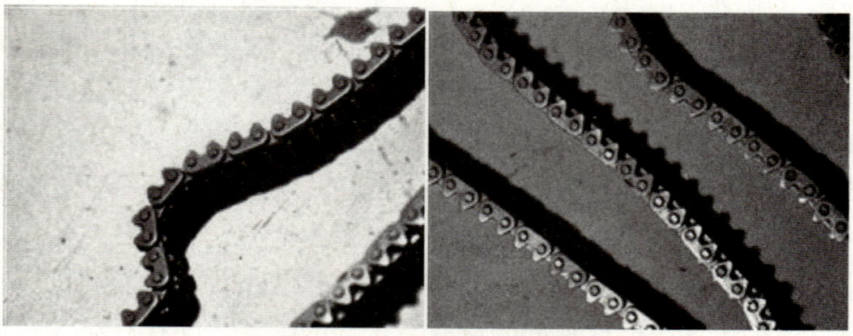

图 2-21　正时链条结构

正时链条具有结构紧凑、传递功率高、可靠性与耐磨性高、终身免维护等显著优点，但相对传统的正时带来说，其噪声一般稍大一些。

不过随着技术的进步，有些汽车上采用了齿形静音链条，其噪声甚至低于正时带。常见的正时链条主要分为套筒滚子链条和齿形链条两种类型。其中，滚子链条受到其先天结构的影响，转动噪声相对正时带会更为明显，传动阻力和惯性也会相应较大。静音链条采用了齿形结构设计，传动时入齿更柔和，冲击更小，运转也更加平稳，加之其没有产生噪声的链条滚子结构，因此，在噪声水平表现上要更优于传统正时带。

2.4 拆卸气缸盖

1. 气缸盖的作用

气缸盖属于内燃机配气机构，主要用来封闭气缸上部，构成燃烧室，并作为凸轮轴、摇臂轴还有进排气管的支撑，如图 2-22 所示。

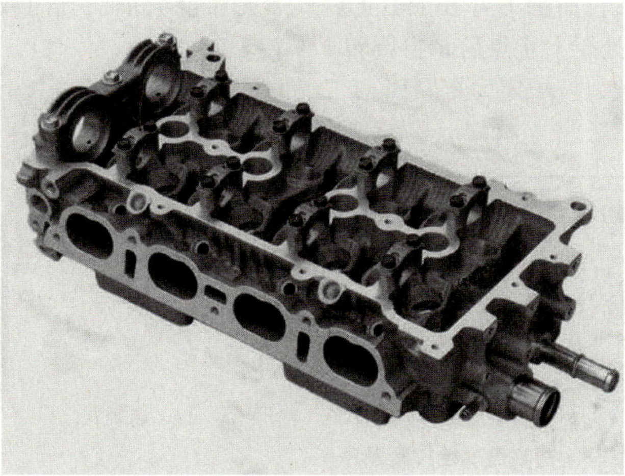

图 2-22 气缸盖总成

气缸盖经常与高温高压燃气相接触，因此承受很大的热负荷和机械负荷。水冷发动机的气缸盖内部制有冷却水套，气缸盖下端面的冷却液孔与缸体的冷却液孔相通，利用循环水来冷却燃烧室等高温部分。

2. 气缸盖部件

侧置气门式发动机气缸盖上铸有水套、进水孔、出水孔、火花塞孔、螺栓孔、燃烧室等。顶置气门式发动机气缸盖，除了冷却水套外，还有气门装置、进气和排气通道等。

气缸盖上还装有进、排气门座和气门导管孔，用于安装进、排气门，还有进气通道和排气通道等。汽油机的气缸盖上加工有安装火花塞的孔，而柴油机的气缸盖上加工有安装喷油器的孔。顶置凸轮轴式发动机的气缸盖上还加工有凸轮轴轴承孔，用以安装凸轮轴。

气缸盖一般采用灰铸铁或合金铸铁铸成，铝合金的导热性好，有利于提高压缩比，近年来铝合金气缸盖被采用得越来越多。

3. 常见故障

气缸盖常见故障有气门间隙过大或过小，导致气门异响。还有气缸盖上凸轮轴位置传感器失效，不过这种情况很少发生。还有一个较大的故障是油水混合，发生这种情况一般是气缸盖与气缸的结合面有贯通性的划伤，或者气缸垫密封不严所致，这种情况就需要大拆发动机了。

4. 气缸盖的安装

1）安装气门、凸轮轴和油封等。

2）安放气缸盖衬垫时，应检查其技术状况，注意安装方向，标有“OPENTOP”字样的一面应朝向气缸盖。

3）将定位螺栓旋入第 8 号和第 10 号孔（图 2-23）。

4）放好气缸盖，用手拧入其余 8 个螺栓，再旋出两个定位螺栓，最后再旋入 8 号和 10 号螺栓。

5）按顺序由中间向两边对称分四次拧紧螺柱。

6）安装气缸盖时，曲轴不可置于上止点（否则可能会损伤气门或活塞顶部），应在曲轴任何一个连杆轴颈处于上止点后，再倒转 1/4 转。

7）安装气门罩盖，按规定力矩紧固。

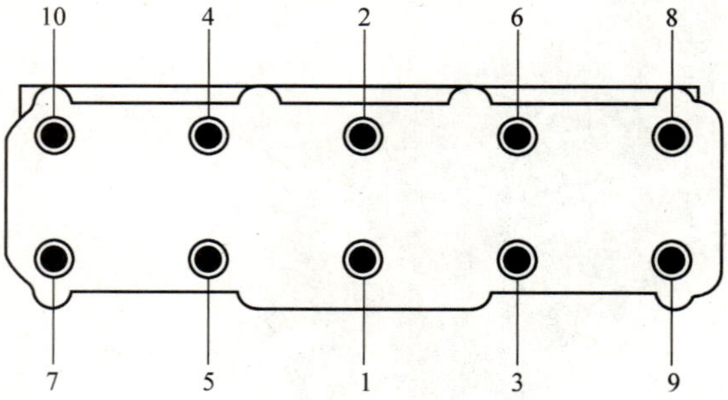

图 2-23　气缸盖螺栓拧紧顺序

扫一扫

拆卸气缸盖螺栓

2.5 拆装曲柄连杆机构

1. 曲柄连杆机构概述

曲柄连杆机构是发动机的主要运动机构，其功用是将活塞的往复运动转变为曲轴的旋转运动，同时将作用于活塞上的力转变为曲轴对外输出的转矩，以驱动汽车车轮转动，如图 2-24所示。

曲柄连杆机构由机体组、活塞连杆组、曲轴飞轮组三部分组成，其中曲轴如图 2-25 所示。

1）机体组：气缸体、气缸垫、气缸盖、曲轴箱、气缸套及油底壳。

2）活塞连杆组：活塞、活塞环、活塞销、连杆。

3）曲轴飞轮组：曲轴、飞轮、扭转减振器、平衡轴。

2. 曲柄连杆机构的装配

曲柄连杆机构的装配质量直接关系到发动机的工作性能，因此，装合时须注意下列

图2-24　曲柄连杆机构

图2-25　曲轴

事项。

1）各零部件应彻底清洗，压缩空气吹干，油道孔保持畅通。

2）对于一些配合工作面（如气缸壁、活塞、活塞环、轴颈和轴承、挺杆等），装合前要涂以润滑油。

3）对于有位置、方向和平衡要求的机件，必须注意装配记号和平衡记号，确保安装关系正确和动平衡要求，如正时链条、链轮、活塞、飞轮和离合器总成等。

4）螺栓和螺母必须按规定的力矩分次按序拧紧。螺栓、螺母、垫片等应齐全，以满足其完整性和完好性。

5）使用专用工具。

安装顺序一般和拆卸顺序相反。

3. 活塞连杆组的装合

1）将同一缸号的活塞和连杆放在一起，如连杆无缸号标记，应在连杆杆身上标示所属缸号。

2）将活塞顶部的朝前箭头标记和连杆身上的朝前标记对准。

3）将涂有机油的活塞销用大拇指压入活塞销孔和连杆铜套中，如压不进去，可用热装合法装配。

4）活塞销装上后，要保证其与铜套的配合间隙为0.003～0.008mm，经验检验法是用手晃动活塞销与销孔铜套无间隙感，活塞销垂直向下时不会从销孔或铜套中滑出（注意铜套与连杆油孔对正）。

5）安装活塞销卡环。

6）用活塞环专用工具安装活塞环，先装油环，再装第二道环，最后装第一道环，环的上下面不能装错，标记“TOP”的面朝活塞顶。

7）检查活塞环的侧隙、端隙。

4. 曲轴的安装

1）将有油槽的上轴瓦装入缸体，使轴承上的油槽与缸体上轴承座上的油道口对正。注意：上、下轴承不能装反，第三道轴承为推力轴承，然后将各道轴承涂上少许润滑油。

2）将曲轴平稳地放入缸体承孔。

3）插入半圆推力环（曲轴第三道环主轴颈上）。注意：上、下环不能装错，有开口的用于气缸体，且开口必须朝轴承。

4）按轴承盖上打印的1、2、3、4、5标记，由前向后顺序安装。

5）曲轴轴承盖螺栓应由中间向两边交叉、对称、分三次拧紧，最后紧固力矩为65N·m。轴承盖紧固后，曲轴转动应平滑自如，其3号轴承轴向间隙应为0.07～0.17mm，径向间隙应为0.03～0.08mm。

6）安装带轮端曲轴油封和飞轮端曲轴油封。

7）装入中间轴，检查其轴向间隙应小于0.25mm，径向间隙为0.025～0.066mm为合格。

8）安装飞轮，使用涂有D6防松胶的螺栓紧固，紧固力矩为75N·m。

5. 活塞连杆组装入气缸

1）将活塞环开口错开120°。

2）用活塞环卡箍收紧各道活塞环，将活塞连杆组平稳、小心地装入气缸，装配时注意活塞顶部的箭头应朝向发动机前端。

3）安装轴承及轴承盖。轴承安装时应注意其定位及安装位置；连杆盖安装时应注意安装标记和缸号不能装错，然后交替拧紧连杆螺栓，紧固力矩为30N·m，紧固后再转动180°。

4）检查连杆大端的轴向间隙，应在0.08～0.24mm之间。注意：不同发动机的间隙数值有所不同。

2.6 综合检测

请结合图2-26所示情况进行操作并做好计划，填写工作步骤及所需工具表，并利用器材、设备进行实际操作。

图2-26 实操示意图

第3章

CHAPTER 3

发动机检测

【任务导入】

发动机是汽车的心脏，在工作中会出现各种问题，需要对其进行各种测量和检测，包括解体发动机和不解体发动机检测。接下来我们将动手对发动机进行解体检测。

【学习目标】

了解发动机的基本结构，掌握利用工具对发动机进行拆解和检测的方法，具备对发动机进行拆卸的能力。

3.1 气缸体裂损的检测

1. 气缸体概述

气缸体是发动机机体组的重要组成部分，在气缸盖和油底壳之间。严格地说，该部分应称为气缸体-曲轴箱，因为它上部是一个或若干个气缸，下半部分是支撑曲轴的曲轴箱，这两部分一般都铸造在一起，通常简称气缸体（图3-1）。

根据气缸体与油底壳安装平面位置的不同，可以将其分为三种形式：一般式气缸体、龙门式气缸体和隧道式气缸体。因为气缸体工作在高温高压条件下，且活塞在其中往复运动，摩擦很大，所以气缸体必须能耐高温、耐腐蚀、耐磨损。一般地说，为了满足以上要求可以在以下三方面采取改进措施：气缸体材料、加工精度和结构。

图3-1　气缸体

在冷却方面，气缸体一般有水冷、风冷两种。摩托车发动机一般采用风冷式，汽车发动机以水冷为主，但通常装有风扇辅助降温。

气缸体一般是由优质灰铸铁铸成的，它和曲轴轴承盖装在一起镗削，因此曲轴轴承盖不能互换，只能装在固定位置。气缸体和曲轴箱整体铸造。气缸不另镶缸套。气缸体周围铸有加强筋，以提高其刚度。

2. 气缸体损坏

气缸体和气缸盖在工作过程中有时会产生裂纹，导致发动机漏水、漏气、漏油，影响发动机的正常工作。气缸体、气缸盖发生裂纹的部位，不同的机型并不一致，但大多发生在水套壁较薄处，或工作过程中应力（尤其是热应力）比较集中的部位，如气缸盖两气门座之间、气缸体两缸孔之间等。

3. 气缸体平面磨损检测

气缸体在使用过程中，往往产生变形，从而破坏零件的几何形状，使配合表面的相对位置偏差增加。变形超过允许限度时，将引起漏水、漏气、冲坏气缸垫等。气缸体顶平面的翘曲多是气缸盖螺栓拧力矩不均匀，螺孔周围受螺栓拉力作用而凸起等原因所致。安装时，应按规定力矩拧紧，不能将螺栓拧得过紧。分解后，应使用软刷和溶剂清洗气缸体，将气缸体表面上的所有衬垫材料都刮干净。使用精密直尺和塞尺，测量气缸盖衬垫接触的表面是否有翘曲，如图 3-2 所示。最大翘曲值不得超过 0. 05mm，如超过上述范围应予以修整。修整方法如下。

1）对于气缸体顶平面螺孔附近的凸起，可用油石推磨或用细锉刀修平。

2）对于气缸体与气缸盖衬垫接触的表面不平，可用磨、铣的方法修复，也可用铲刀铲平，或涂上研磨膏，把缸盖放在缸体上扣合研磨。

用肉眼检查各个气缸是否有划痕。如果发现有较深的划痕，应对所有气缸重新镗削。气缸孔可经两次镗削。如果有必要，应更换气缸体。

3.2 气缸体结合面平面度的检测

气缸体结合面平面度的检测如图 3-2 所示。

图 3-2　气缸体表面变形检测

1）将气缸体平放在工作台上。

2）用塞尺和直尺配合进行测量，注意在配合测量中，要交换不同方向进行测量。

3）塞尺的最大读数就是结合面的平面度误差。

扫一扫

气缸体平面度的检测

3.3 气缸盖的检测

气缸盖如图 3-3 所示。

图 3-3　气缸盖

（1）破裂的原因

气缸体与气缸盖的破裂，多发生在水道薄壁处。主要原因是在严寒的冬季冷却液结冰，或在发动机过度受热时，突然加入冷却液。

（2）检测方法

一般采用水压检测法。将气缸盖及衬垫装在气缸体上，将盖板装在气缸前壁进水口处，并连通水管与气压机，其他水道口封闭，然后将水压入水套。要求在 0.2～0.4MPa 的压力下，保持 5min，如有水珠出现，则该处有裂纹。

（3）修理方法

如果检测发现有裂纹，目前国内的修理方法以更换为主。

3.4 活塞环侧隙的检测

活塞环间隙如图 3-4 和图 3-5 所示，不同车型的不同发动机间隙数值是不同的。

1. 活塞环概述

活塞环是用于嵌入活塞槽沟内部的金属环，活塞环分为两种：压缩环和机油环。压缩环可用来密封燃烧室内的可燃混合气体，故又称气环；机油环则用来刮除气缸上多余的机油，故又称油环。活塞环是一种具有较大向外扩张变形的金属弹性环，它被装配到相应的环形槽内。做往复和旋转运动的活塞环，依靠气体或液体的压力差，在环外圆面和气缸以及环和环槽的一个侧面之间形成密封作用。

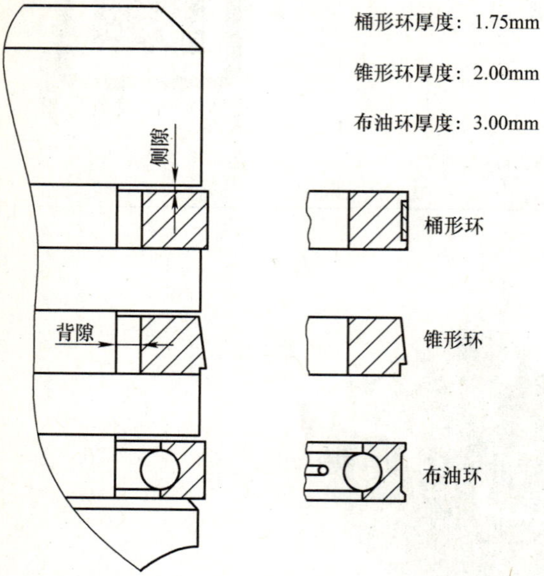

图 3-4　活塞环间隙示意图

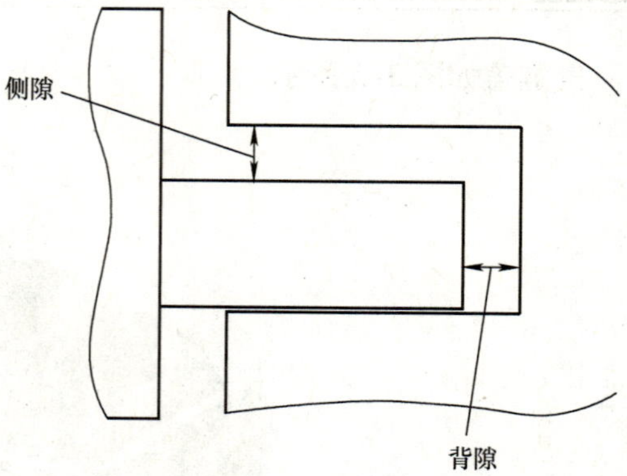

图 3-5　活塞环间隙说明

活塞环有四个作用：密封、调节机油（控油）、导热（传热）、导向（支承）。

1）密封：指密封燃气，不让燃烧室的气体漏到曲轴箱，把气体的泄漏量控制在最低限度，提高热效率。漏气不仅会使发动机的动力下降，而且会使机油变质，这是气环的主要任务。

2）调节机油（控油）：把气缸壁上多余的润滑油刮下来，同时又使缸壁上布有薄薄的油膜，保证气缸和活塞及活塞环的正常润滑，这是油环的主要任务。在现代高速发动机上，特别重视活塞环控制油膜的作用。

3）导热：通过活塞环将活塞的热量传导给缸套，即起冷却作用。有可靠资料认为，活塞顶所受的热量中有 70% ~80% 是通过活塞环传给缸壁散发掉的。

4）支承：活塞环将活塞保持在气缸中，防止活塞与气缸壁直接接触，保证活塞平顺运动，降低摩擦阻力，而且防止活塞敲缸。

一般汽油发动机的活塞采用两道气环、一道油环，而柴油发动机通常采用两道油环、一道气环。

2. 活塞环侧隙的检测量

把活塞环放在活塞上的活塞槽里，测量活塞环与活塞槽之间的间隙（活塞环要装在对应的槽里），如图 3-6 所示。

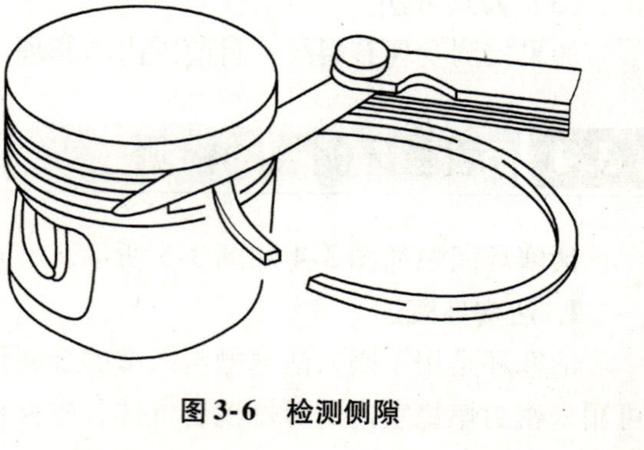

图 3-6　检测侧隙

3.5　活塞环端隙的检测

把活塞环在缸套里放正，测量两端之间的距离（间隙），即活塞环端隙的检测，如图 3-7所示。

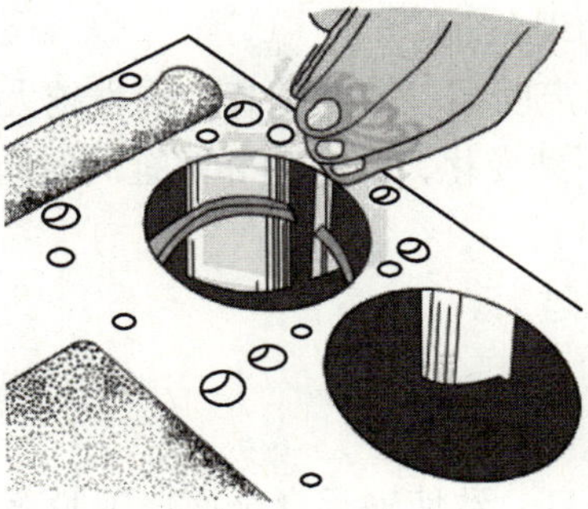

图 3-7　检测活塞环端隙

3.6　活塞环背隙的检测

活塞环的背隙一般不需要测量。如活塞环的背隙过大而造成活塞噪声，则更换一组活塞环。一般用眼睛观察，只要背隙不太大即可；如果太小，则该活塞是次品，或者活塞型号不正确。

3.7　曲轴轴向间隙、轴颈磨损的检测

1. 检测方法

就车检查时，拆下油底壳，用撬棒将曲轴撬向一端，然后用适当厚度的塞尺插入止推垫片与曲轴的承推面之间测量。如果已分解缸体，则可按图 3-8 所示方法，将百分表置于曲轴前端，前后撬动曲轴，百分表指针的偏转量即为曲轴的轴向间隙。

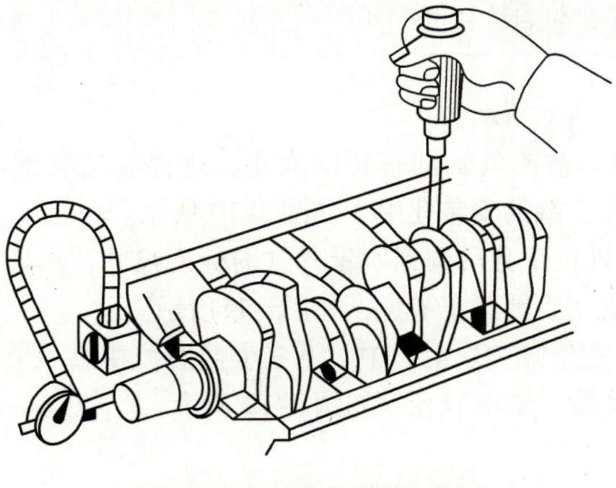

图 3-8　曲轴轴向间隙的检测

曲轴的轴向间隙可通过刮研止推合金面或更换不同的止推轴瓦来调整，如果间隙过小，可刮研止推合金面；如果间隙过大，可以更换止推轴瓦，调换成较厚的止推轴瓦或对止推轴瓦镀合金层。**曲轴轴承响主要是曲轴轴向间隙不当引起的。**

2. 故障现象

1）一般情况下发动机运转稳定时并无声响，当发动机运转速度突然变化时发出沉闷的“镗镗”敲击声，同时伴有振动现象。

2）发动机负荷变化时，响声明显。转速越高，响声越大。

3）单缸“断火”时感觉不到变化，而在相邻两缸同时断火时响声会明显减弱。

3. 故障原因

1）曲轴与轴颈的配合间隙过大。

2）曲轴轴向间隙过大。

3）曲轴轴承盖螺栓松动。

4）曲轴轴承与轴颈润滑不良，致使轴承合金面烧蚀脱落而发响。

5）曲轴弯曲变形，曲轴轴颈失圆。

6）曲轴轴承与轴承座相对转动。

4. 诊断

1）声响发自气缸体下部靠近曲轴箱处；机油压力明显下降；发动机在低、中速状态下抖动，发出明显而沉闷的连续敲击声并伴有发动机振动现象，则为曲轴轴承与轴承座相对转动所致。

2）高速运转发动机，机体振动较大，同时机油压力显著下降，则为轴承与轴颈间隙过大或轴承合金面烧蚀脱落所致。

3）单缸断火试验声响变化不大，而相邻两缸断火时声响明显减弱或消失，则为此两缸之间的曲轴轴承发响所致。

4）发动机转速不高机体却振动较大，有摆动摇晃现象，同时发出沉重而较大的“镗镗”敲击声，则为曲轴断裂所致。

5）声响随温度升高而增大，到高速时声响变得杂乱，可能是曲轴弯曲。

扫一扫

曲轴轴径磨损的测量

3.8 气缸的磨损测量

气缸的磨损测量如图 3-9 所示。

1）组装量缸表。根据被测气缸的直径的大小，选择合适长度的接杆接于量缸表的下端，并将百分表装于表杆上端的安装孔中，如图 3-10 所示。

2）校对量缸表。将外径千分尺调到所量气缸的标准尺寸，然后将量缸表校对到外径千分尺的尺寸，并转动表盘使表针对正零位，如图3-11所示。

3）测量气缸直径。在气缸中取上、中、下三个截面，在每一个截面上沿着发动机的前后方向和左右方向分别测量气缸的直径，如图 3-12 所示。

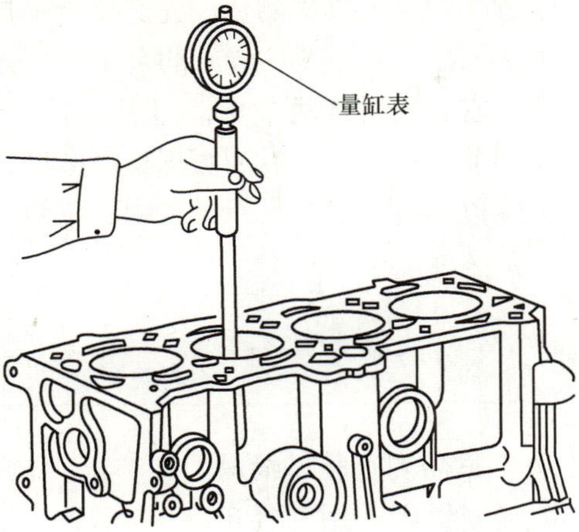

图 3-9　气缸的磨损测量

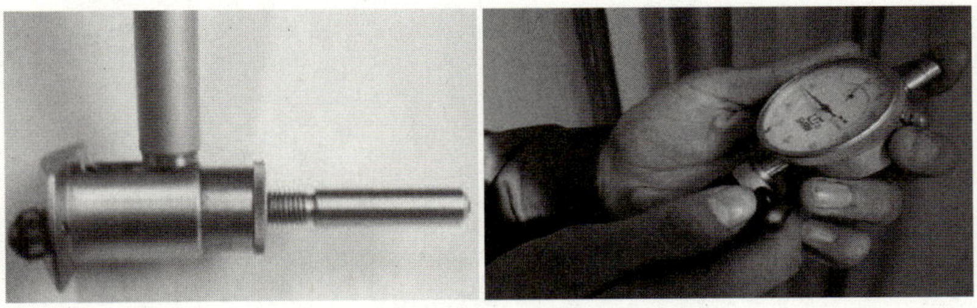

图 3-10　组装量缸表

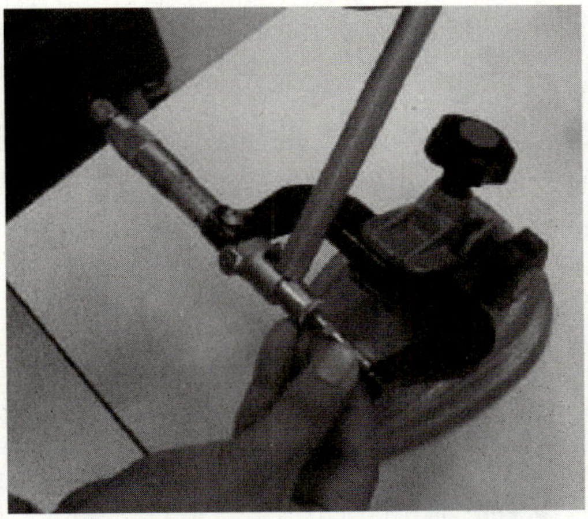

图 3-11　校对量缸表

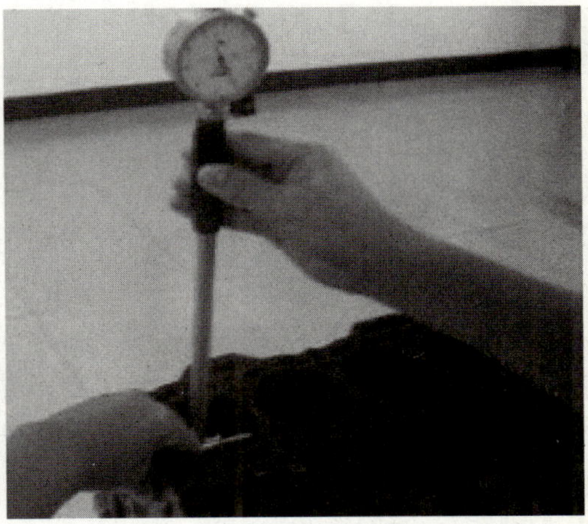

图 3-12　测量气缸直径

4）计算气缸的圆度和圆柱度误差。

5）气缸的圆度和圆柱度误差超过规定值时，应进行镗磨修理。

最大磨损量：最大测量直径与标准直径之差。

圆度误差：同一高度、不同方向测量的两个直径之差的一半。

圆柱度误差：不同高度、同一方向测量的两个直径之差的一半。

要用内径千分表和外径千分尺两种工具来测量。先用千分尺校正千分表的尺寸，尺寸的大小要依据待测量的气缸的大小而定，再放 3 ~4mm 的余量。千分表校正后测量气缸，在气缸的上、中、下选三个点，左、右、前后选两个点，即上前后、上左右、中前后、中左右、下前后、下左右总共六个点。用前、后、左、右的数据计算圆度，哪一组数据相差最大就采用哪一组计算差值，该差值再除以 2 就是圆度。用上、中、下的数据计算圆柱度，最大的数据减去最小的数据再除以 2 就是圆柱度了。

3.9 活塞的测量

活塞一般是圆筒状的，通常只需测直径，简易测量用直尺（误差较大），精细测量则需用外径千分尺了（图 3-13）。如果测椭圆度，用上述方法多测几次，测得最大值和最小值之差就是椭圆度。其他测量项目，如重量、比重、硬度、熔点、比热等，就需要相应的测量工具和设备了。

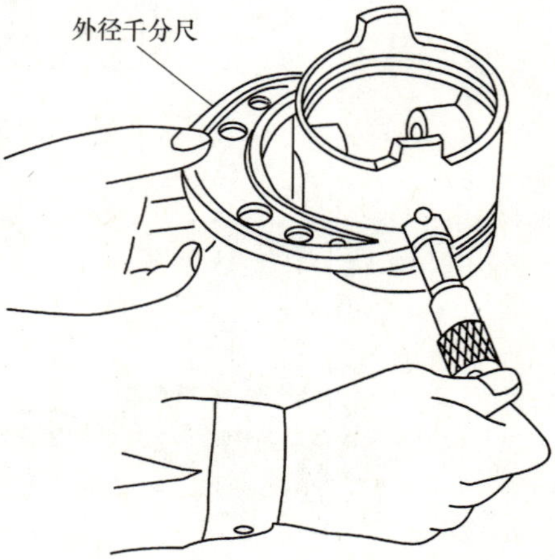

图 3-13　活塞直径的测量

3.10 连杆的检测

连杆在工作中由于受力较大，容易产生杆身的弯曲、扭曲或弯扭并存等现象。连杆弯曲或扭曲，会使活塞在气缸内歪斜，造成活塞与气缸及连杆轴承的偏磨、活塞组与气缸间漏气和窜油。因此，必须对连杆进行检查和校正。

1. 检查连杆弯曲和扭曲

连杆弯曲一般产生在大小端轴线所形成的平面内（前后弯），弯曲后，连杆大小端轴承孔轴线不平行；而连杆扭曲将使大小端轴线不处在同一平面内。

通常用连杆检验校正仪（图 3-14）来检测连杆的弯曲与扭曲变形，其步骤如下。

1）将连杆盖装在连杆上，并用标准力矩拧紧，同时装上修配好的活塞销。

2）将连杆轴承孔套装在检验器的横轴上，转动轴端螺母，使横轴上的定心块向外张，将连杆固定在检验器上。

图 3-14　连杆检验校正仪

3）检验器量规的V形面靠在活塞销顶面上，观察小角铁三个爪头与平面的接触情况，即可查出连杆的弯曲方向和程度。

4）将量规下移，使其侧面与活塞销侧面接触，观察量规与活塞销两端的接触情况，即可测出扭曲方向和扭曲量。

2. 校正连杆弯曲和扭曲

检验时如发现连杆弯曲和扭曲，应使用专用工具予以校正或更换。

连杆校正后，在杆身中存在的残余应力是不易消除的，因此，必须将连杆加热至400～450℃并保温0.5～1h，以消除残余应力，避免连杆在工作中恢复弯曲状态。

有条件时，为保证发动机修理质量，最好更换弯曲、扭曲较严重的连杆。

扫一扫

连杆较弯

3.11 综合检测

按照表3-1进行操作和考核。

表3-1 气缸测量项目评分标准

学生姓名：______班级：________ 用时：____min 总得分：______

序号	作业说明	作业内容	配分	评分标准	扣分	得分
1	测量前的准备工作	① 清洁气缸	3	未做扣3分		
		② 检查量具	3	未做扣3分		
		③ 校正外径千分尺	5	未校扣5分，校不对扣3分		
		④ 选装合适的接杆	7	选择不合适酌情扣分		
		⑤ 按被测气缸标准尺寸校表	8	未校扣8分，校不对扣5分		
2	测量	① 测量手法正确	8	一次错误扣2分		
		② 测量部位正确	10	一次错误扣2分		
		③ 测量数据准确（误差范围不超过±0.02mm）	32	一个错误数据扣2分（允许误差±0.02mm）		
		④ 文明操作	4	有不文明操作的酌情扣分		
3	计算	① 气缸圆柱度计算	5	算错一个扣2分		
		② 气缸圆度计算	5	算错一个扣2分		
4	处理意见	① 确定是否需要修理	5	判断错误扣5分		
		② 如需要修理，确定修理尺寸	5	确定修理级别错误扣5分		
5	熟练程度	① 考核时间为15分钟 ② 在操作正确和数据准确的基础上，如提前完成，每提前1min加1分，只计整数				
6	合计		100			

教师签名：________ ________年____月____日

第 4 章

CHAPTER 4

发动机组装

【任务导入】

发动机在进行解体检测后，需对其进行装复，接下来我们介绍如何进行发动机的组装及组装中如何进行选配。

【学习任务】

掌握发动机装配中如何选配合适部件的方法，了解发动机的装配要求和装配顺序，以及如何合理地使用装配工具。

4.1 选择配件

曲柄连杆机构组件如图 4-1 所示。选配活塞环、连杆轴瓦、曲轴轴瓦、活塞销等部件。

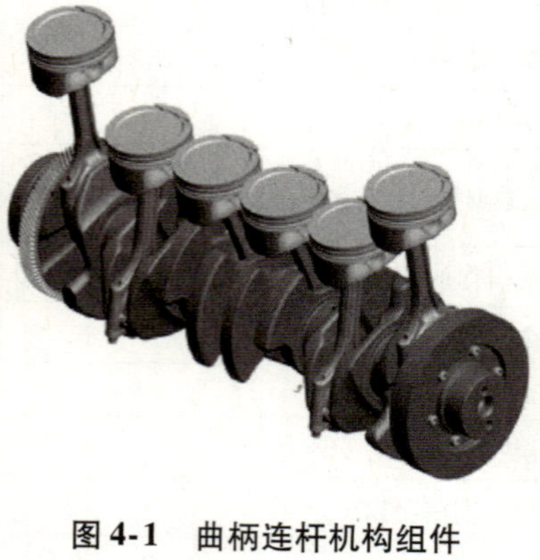

图 4-1 曲柄连杆机构组件

扫一扫

配瓦说明

4.2 选择通用工具及专用工具

这些工具有普通扳手、梅花扳手、扭力扳手（紧缸盖用）、六角扳手（拆气门等用）、套管扳手和接杆（用于扳手不方便的地方），还有吊发动机的时候要用到的架子和吊链。

4.3 安装活塞环

活塞环一定要用正品，这样才能保证环的各项指标达到要求。安装时应注意环的顺序不能装错，第一道环是镀铬气环，第二、三道环为锥形环或扭曲环，但不镀铬，锥形环开口端侧面上的记号T朝向活塞顶。活塞环装入环槽后，应转动一下，避免卡滞。安装活塞环时应使用活塞环安装钳，注意不要将环的开口撑得过大，只要能装上即可。装好的活塞环的开口应避开活塞销孔及活塞销孔垂直的方向，各环开口的位置应相互错开90°~120°。第四道环为螺旋撑簧油环或钢片组合油环。安装时将螺旋撑簧的接口拆开放到第四道活塞环槽中，用钢丝把接口连起来，再将油环本体装到环槽内，油环的开口必须在撑簧接头的对面，如图4-2所示。

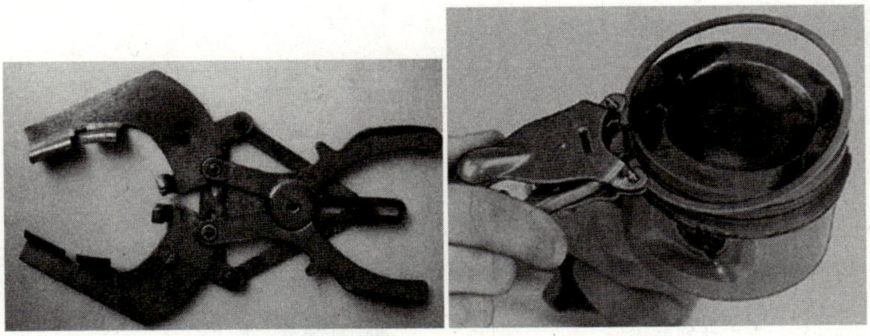

图4-2 活塞环安装工具及安装活塞环

4.4 安装曲轴及曲轴轴承

曲柄连杆机构的组成如图4-3所示。

1）把上半主轴承按编号分别放到相应的轴承座上。

2）把上止推垫放到规定的轴承座的两侧，并使带油槽的一面向外。

3）在各个上半主轴承上和曲轴的主轴颈上涂以适量的机油，然后平行地把曲轴放到上半主轴承上，然后把下止推垫装入相应的轴承盖上，保证其凸台与轴承盖的凹槽啮合，并使带油槽的一面朝外，再把带下半主轴承及止推垫的轴承盖按标记分别放到相应的轴承座上。

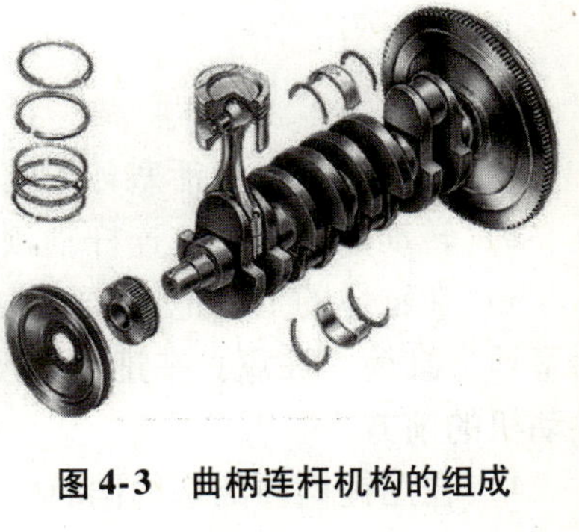

图4-3 曲柄连杆机构的组成

4）装上主轴承盖固定螺栓，并按规定的次序和力矩拧紧固定螺栓。

5）用间隙规检查曲轴止推垫与曲轴颈侧面间的间隙。如果装有标准尺寸的新止推垫，那么其间隙应在规定的范围之内；如果间隙超过规定值，则选用加大级厚度的止推垫。

6）从曲轴后油封托架上拆下旧油封，然后装上新油封，并在其唇部涂上多用途润滑脂。

7）在曲轴后油封托架器与缸体配合面上涂上密封胶，然后把托架平移向缸体，并使油封通过曲轴而靠到缸体上，拧上托架固定螺栓并按规定的力矩拧紧，按与拆卸相反的顺序安装其他零部件。

扫一扫

曲轴装配

扫一扫

认识曲轴

4.5 安装活塞连杆组

活塞连杆组组件如图 4-4 所示。

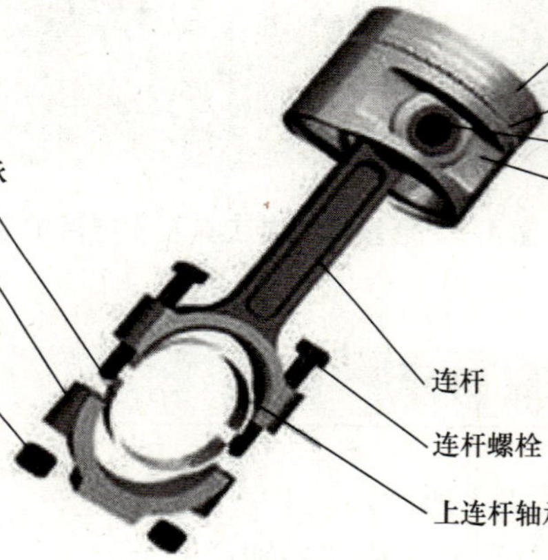

图 4-4　活塞连杆组组件

1）从一缸开始，活塞环按其开口彼此交错 120°。

2）转动曲轴使一缸连杆轴颈处于正下方，然后从连杆上取下带有下半轴承的轴承盖。

3）在缸体的上方把连杆放入缸筒中，然后再用活塞环夹紧器夹紧活塞环，并用锤柄把活塞顶进缸筒。**注意：在把活塞及连杆放入缸筒之前，要使活塞顶上的箭头或三角标记指向发动机的前方。**

4）在用锤柄顶活塞的同时，要引导连杆使之带上半轴承（已涂有机油）的半轴承壳正确地就位于轴颈上。

5）再在曲轴连杆轴颈上涂以适量机油，然后把带有下半轴承的相应轴承盖装到连杆上。

6）安装上轴承盖固定螺栓或螺母，然后按要求的次序和力矩拧紧螺栓或螺母。

7）依次安装其他活塞与连杆总成。

8）安装上油底壳和缸盖，并把发动机安装到车辆上。

4.6　安装气缸盖及油底壳

彻底清洗并弄干气缸盖和气缸体的配合表面。检查气缸盖有无裂纹、损坏，检查发动机冷却液是否渗漏。除去锈皮、密封复合材料和积炭。彻底清洗润滑油通道。检查气缸盖的平面度，端到端，气缸盖的翘曲度不应超过0.1mm。

将一新缸盖衬垫放置在缸体上，衬垫正面的顶部（朝上的）带有识别标志（确保衬垫具有发动机的正确的识别标记）。**注意：不可在衬垫上使用密封剂。**

建议使用新的缸盖螺栓。在安装前须检查气缸盖螺栓，如果螺纹的截面积缩小（拉长），则应更换该螺栓；如果螺纹损坏，也应更换螺栓。仔细将气缸盖安装在气缸体上。在安装螺栓前，应用干净的润滑油润滑螺栓的螺纹。

在新油底壳垫的两个面上涂以薄层油底壳用密封胶，然后使其就位并装上油底壳，再按规定的力矩拧紧油底壳固定螺栓。

扫一扫

缸盖安装说明

4.7　安装附属设备及检查安装

（1）全部零部件的宏观检查

用石蜡或可溶于水的溶剂清洁全部零部件，然后用无麻抹布擦净，并进行认真仔细的检查。

（2）曲轴、主轴承和连杆轴承的检查

检查曲轴主轴颈、主轴承及连杆轴承滑动面有无划痕或沟槽，然后用千分尺测各轴颈的直径、圆度及锥度。如果发现有问题，则应进行磨轴处理或/和选用减小级的主轴承和连杆轴承。

（3）缸体和曲轴箱的检查

1）首先必须要检查缸筒的直径、圆度、锥度以及有无划痕或拉痕。如果缸筒的口部有轻微的凸台，那是活塞上下运动摩擦所致的。

2）使用内径千分表在凸台的下方、缸筒的中部和不可能存有磨损的底部三处测量缸径尺寸。先是在曲轴方向测量缸径，然后在同一位置并与曲轴垂直的方向测量缸径。把所测值与标准值进行比较，若超过规定值，则进行镗缸并选用相应加大级的活塞和活塞环。

3）仔细检查气缸体和曲轴箱，看有无裂纹或损坏，用铁丝疏通油道和水道，以保证其不堵塞。

4）安装上半主轴承，然后再放上装有下半主轴承的轴承盖，并按规定的力矩拧紧轴承盖固定螺栓；再以内径千分表测量主轴承内径，以确定其与主轴颈的径向间隙。如间隙大于规定值，则进行磨轴处理或/和选用相应减小级的主轴承。

（4）活塞与连杆总成的检查

1）对于20世纪90年代的发动机，其活塞销与活塞为全浮式配合并装有卡环；而20世纪90年代以后出厂的发动机，其活塞销与活塞为半浮式配合。

2）在拆卸全浮式活塞销时，应先拆下活塞销卡环。在把活塞与连杆分离开之前，要在连杆的侧面做出与活塞顶部箭头相一致的标记，并且要把此标记保留到组装时为止。

3）用旧活塞环清除活塞环槽里和活塞顶部的积炭。

4）检查活塞的裙部有无严重拉痕或磨损，然后用千分尺测量活塞直径并与标准值进行比较。标准级的活塞及缸筒分为 0、1 和 2 三级，而且相应的标记刻印在邻近气缸的上表面和活塞的顶面上。对于加大极的活塞，每个加大级同样分为三级不同的尺寸。

5）为了保证活塞与缸筒的配合间隙，必须使活塞与缸筒的级别相一致。

6）把活塞环放进缸筒中以检查其开口间隙，必要时应予以锉修。然后把活塞环套进环槽中以检查活塞环侧隙。

7）检查连杆的不直度和扭曲度以及全浮式活塞销与连杆衬套的配合情况。

8）检查连杆轴承与轴颈的径向间隙，必要时应采用减小级的连杆轴承。

9）按拆卸时所做的标记把连杆安装到活塞上。

10）安装上活塞销。对于全浮式活塞销，则安装上卡环，并使之完全就位于凹槽中。

11）安装上活塞环，并将开口相互错开 120°，而且标有“TOP”标记的一面应朝上。

4.8 综合检测

按照图 4-5 操作步骤进行检查，并说明图中的四个图示操作是在检查哪一项。

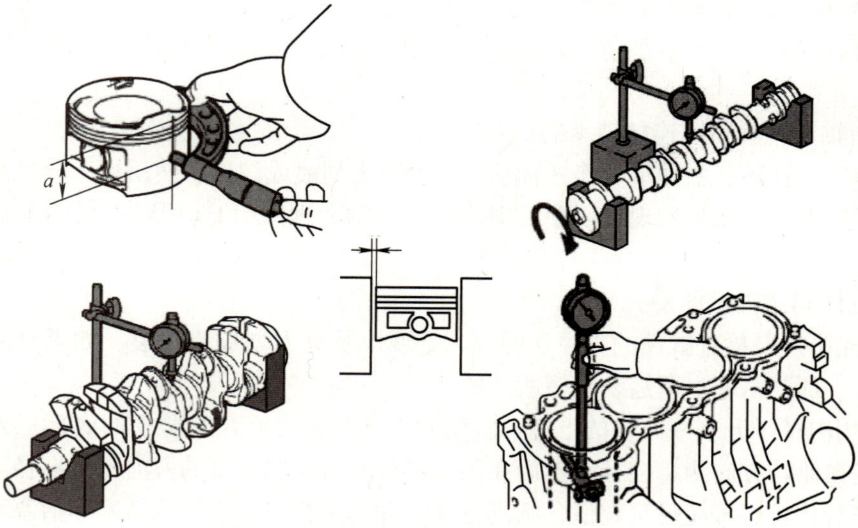

图 4-5 综合检测步骤

第 5 章

CHAPTER 5

配气机构拆装和检修

【任务导入】

配气机构是发动机的重要组成部分，我们之前已经装配了曲柄连杆机构，接下来继续拆装和检修配气机构。

【学习目标】

了解配气机构的组成，掌握拆装、检修配气机构部件的方法，具备利用合适的工具对配气机构部件进行拆卸、检修的能力。

5.1 配气机构的拆卸及注意事项

配气机构组成如图 5-1 所示。

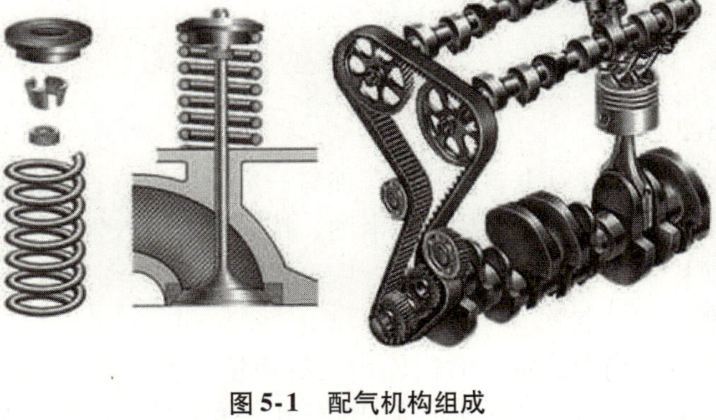

图 5-1 配气机构组成

1. 拆卸顺序

配气机构的拆卸与缸盖拆卸过程相同，下面以捷达轿车 EA827 2V1.6L 发动机为例，介绍配气机构拆卸的顺序。

1）拆下气缸盖上部所有附件。

2）拆下加机油口盖。

3）拆下气门罩盖，分数次逐渐均匀松开固定螺母。

4）取下气门罩盖压条。

5）取下气门罩盖密封条（安装时需要更换为新品）。

6）取下气门罩盖衬垫（安装时需要更换为新品）。

7）拆下机油反射罩。

8）取下半圆塞。

9）拆下凸轮轴前端正时齿轮紧固螺栓。

10）用专用拉拔器，取下凸轮轴正时齿轮及键。

11）拧松凸轮轴支承盖的紧固螺母，取下支座盖。**注意：应先拆第 1、4 轴承盖，交替松掉第 2、3 轴承盖。**

12）拆下凸轮轴。

13）取下液压挺杆总成。

14）用气门弹簧钳，将气门弹簧座压下，取下气门锁夹，拆下气门弹簧。

15）取下气门弹簧座、气门内外弹簧。

16）用专用工具拆下气门及气门油封。

2. 拆卸注意事项

配气机构在拆卸时应注意以下几点。

1）松开正时齿带张紧轮（桑塔纳、捷达发动机型）前，应将曲轴转到 1 缸上止点位置。

2）在取下正时齿带时，应在正时齿带上标上其原转动方向，以防安装时装反。否则，会加速正时齿带的磨损。

3）液压挺杆在拆下存放时，应特别注意防尘。

扫一扫

气门拆卸

5.2 配气机构的装配

1. 气门的安装

气门机构如图 5-2 所示。

将气门油封压装于气门导管上，安装时，油封一定要压到位，防止油封变形或损坏。装上气门弹簧和弹簧座，将气门杆上涂少许润滑油，按原次序插入气门导管内，用专用工具压紧气门弹簧，装上锁片。

2. 安装正时齿轮和张紧轮

凸轮轴正时齿轮的齿数为曲轴正时齿轮齿数的两倍。正时齿轮、齿形带上都有正时记号，装配时应将正时记号对准，以保证正确的配气相位和点火正时。张紧轮主要用于调整齿形带张力的大小。

3. 齿形带的安装

齿形带的安装按下述步骤进行。

1）将齿形带套在曲轴齿轮和中间轴齿轮上。

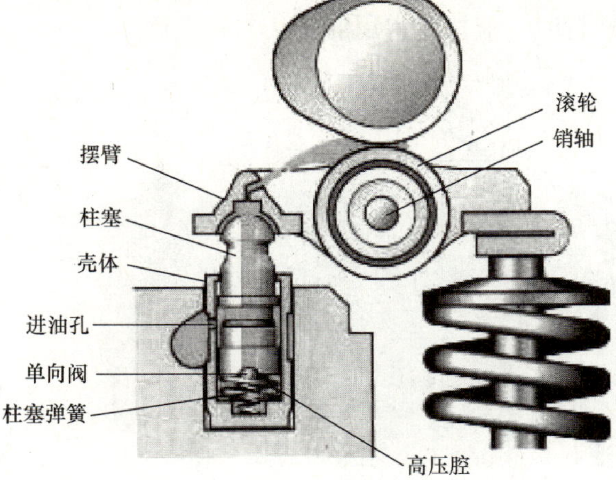

图 5-2　气门机构

扫一扫

气门组件

2）曲轴 V 带轮用一只螺栓固定。

3）凸轮轴正时齿轮上的标记应与气门室罩平面对齐，转动凸轮轴时，曲轴不可置于上止点。

4）曲轴 V 带轮上止点记号和中间轴齿轮上的记号对齐。

5）将齿形带套到凸轮轴正时齿轮上。

6）按图 5-3 所示箭头方向转动张紧轮，以张紧齿形带。用拇指和食指捏住凸轮轴齿轮和中间轴中间的齿形带刚好可以扭转 90°。如果张紧程度不正确，可松开张紧轮螺母，进行第二次调整。

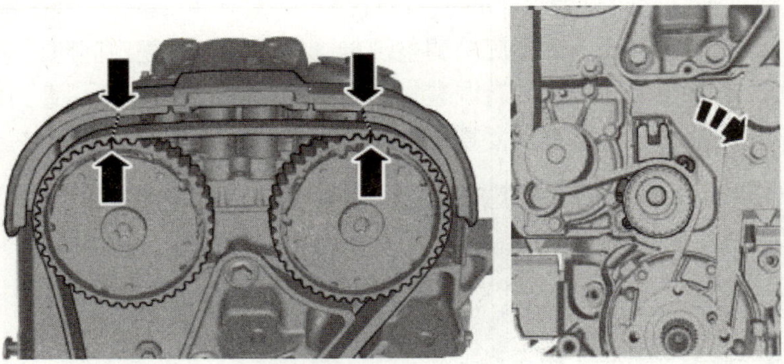

图 5-3　齿形带的安装与调整

齿形带经长期使用后，会发生硬化、龟裂、剥离、脱落、磨损、纤维松散等缺陷，严重时会折断。如发现上述情况，一般均须更换新件。

张紧轮出现异常的声音或不平稳以及摇晃，说明张紧轮已损坏，必须更换。

4. 气门室罩的安装

如图 5-4 所示，在气缸盖和气门室罩的密封表面上，将密封胶的残渣清理干净，防止安装后发生漏油现象。在干净的气缸盖密封表面上涂以密封胶，涂胶层要均匀适量。在密封胶开始固化以前，将气门室罩安装在气缸盖上。**注意：密封胶不得接触到其他零部件上。**安装气门室罩紧固螺钉，以 6. 37N · m 的力矩拧紧。螺钉不可拧得过紧，以免损坏铝合金的气门室罩。为防止气门室罩变形，在拧紧螺钉时，应按照常用的交叉方式进行。

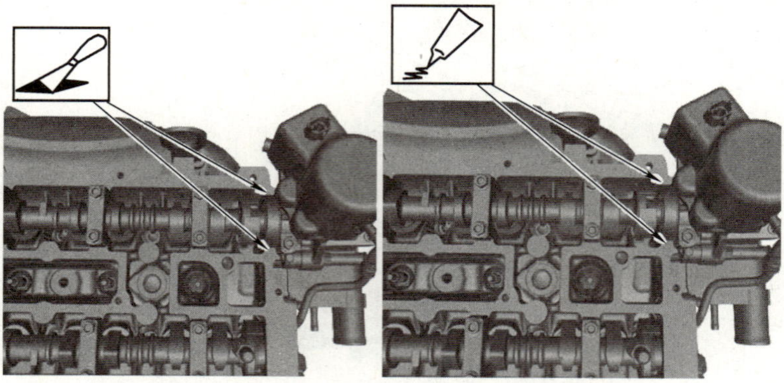

图 5-4　气门室罩—塑料件—清洁—密封

5. 气门间隙的检查和调整

发动机工作时气门及气门传动件会因温度升高而膨胀，不使用液压挺杆的发动机，如果气门及气门传动件之间在冷态时无间隙或间隙过小，则在热态下会因为气门及其传动件的受热膨胀而引起气门关闭不严，造成发动机在压缩和做功行程中漏气。因此，正常的气门间隙是非常必要的。

调整好的气门间隙也会因配气机构机件的磨损而发生变化。如果间隙过大，会使气门升程减小，引起充气不足、排气不畅，而且会带来不正常的敲击声。如果间隙过小，则会使气门工作时关闭不严密，造成漏气以及气门与气门座的工作面烧蚀。

TU32/K 发动机进气门间隙为 0. 20mm，排气门间隙为 0. 40mm。气门间隙的调整在发动机冷态下进行，如图 5-5 所示。首先旋松调整螺母，用厚度符合规定间隙的塞尺插入气门杆尾端与摇臂之间，来回拉动塞尺，旋转调整螺钉，以感到有轻微阻力，直到间隙合适为止。再将调整螺母可靠地紧固。最后进行复查，如间隙有变化，须进行重新调整。

图 5-5　气门间隙的检查和调整

桑塔纳、捷达发动机配气机构使用液压挺杆，可自动补偿气门间隙，因而也就不存在气门间隙的调整问题。

注意：气门脚异响，人们一般都认为是气门间隙过大所致，可是，有时候往往忽略了凸轮轴上凸轮的磨损也可能导致气门脚异响。

6. 凸轮轴的安装

凸轮轴如图 5-6 所示，凸轮轴的安装如图 5-7 所示。

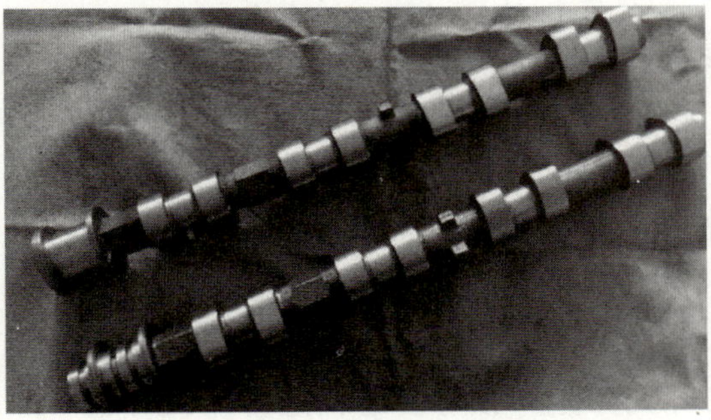

图 5-6　凸轮轴

1）先不装挺杆，把凸轮轴装入轴承中，用百分表或塞尺检查凸轮轴轴向间隙，使用极限为 0.15mm。轴向间隙合适后再拆下凸轮轴。

2）将气门挺杆涂以润滑油，插入相应各导孔内。

3）安装凸轮轴时，将轴承和轴颈涂上润滑油，把凸轮轴放在轴承孔上。第一气缸凸轮必须朝上。凸轮轴转动时，曲轴不可置于上止点，否则会伤及气门及活塞顶部。安装轴承盖时，上下两半部要对准。按照拆卸相反的顺序拧紧轴承盖，先对角交替拧紧第 2、3 轴承盖，紧固力矩为 20N · m。凸轮轴轴承盖安装时注意上下对准位置，然后装上第 1、4 轴承盖，装上凸轮轴并紧固，拧紧力矩为 80N · m。

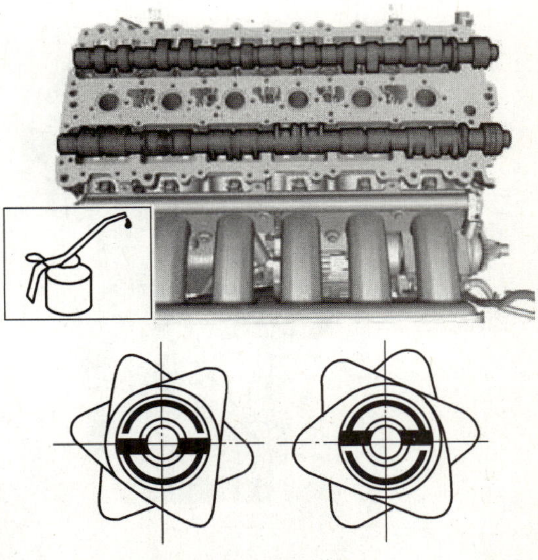

图 5-7　凸轮轴的安装

4）在油封的唇边和外围涂上薄油，将油封放入专用导管平整压入。**注意：不要压到头，否则会堵塞回油孔。**

5）先装半圆键，再压上正时齿轮，拧紧固定螺钉，拧紧力矩为80N · m。

扫一扫

凸轮轴的拆卸

7. 齿形带的调整

装配齿形带时应注意曲轴正时齿轮和凸轮轴正时齿轮与齿形带的正时记号对齐，以保证发动机有正确的配气相位。齿形带张紧力应适当，过大会加速齿形带磨损；过小会打滑，影响发动机的配气相位。

发动机齿形带的调整方法：首先用专用工具插入张紧轮的方形孔内，并挂上重块，然后慢慢拧松张紧轮锁紧螺母，使齿形带张紧，再按照规定的力矩拧紧张紧轮锁紧螺母，拧紧力矩为23N·m，最后拆下齿形带张紧力调节专用工具。

5.3 检查发动机正时

正时带曾经是正时系统中最薄弱的连接环节，现在它的使用寿命比带轮和张紧轮还要长。目前，正时系统最好的养护方法就是按照制造厂商推荐的保养周期定期检查和更换系统的各个部件。

1. 定期检查与更换部件的周期

按照制造厂商推荐的维修保养手册进行维护是最为正确的做法。大部分具有原厂制造品质的正时带预期寿命至少有6万mile（9.65万km）——当然这是有前提的，那就是其他部件不出问题，否则将导致正时带过早损坏。这就是为什么对于一台3万mile（4.83万km）或行驶了更长里程的发动机，在对其发动机舱进行检查时必须检查正时带，正时带的检查如图5-8所示。

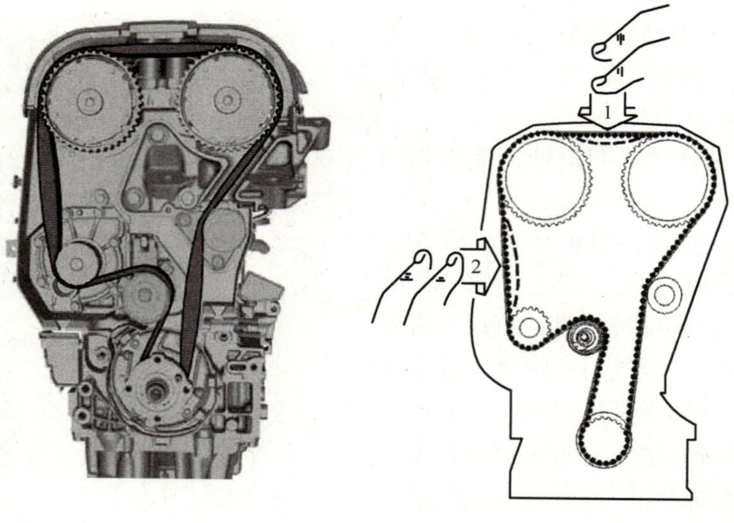

图5-8 正时带的检查

2. 正时带损坏的因素

正时带的损坏和故障取决于多种因素，或者说是这些因素联合作用的结果。这些因素包括以下几个方面。

（1）正常的磨损

一般来说，经过几年的使用，正时带已经发生了上百万次的扭曲和扭转变形，这样的变形很容易使正时带发生严重的磨损。制造厂商在建议正时带的更换周期时，都会考虑到这样的消耗和磨损，因此正常磨损导致的损坏应该不会发生在推荐的更换周期内。如果正时带出现损坏，则说明正时带的工作情况不正常，一定存在其他问题，这里需要强调以下几个方面。

1）正时带的结构缺陷。正时带上的任何瑕疵都会导致正时带使用寿命的提前终结，例如正时带上细小的裂纹、刻痕或切口以及合成材料不完美等。如今，随着正时带制造工艺技术的进步，这些问题已经得到了很好的解决，这方面的问题很少出现了。

2）惰轮和导向轮转动不灵活。这些滑轮是用来让正时带在张紧状态下保持对正，并在正确的轨迹上运转，同时最大限度地降低那些引起正时带破损的“飘移”作用的。如果由于劣质轴承、破损轴套、弯曲轴杆或是润滑不当等原因导致滑轮不能自由旋转，那么正时带将会在这些滑轮表面滑动，从而导致摩擦生热或把皮带表面磨得光滑。摩擦生热会加快正时带的老化，而表面的光滑将减弱正时带的传动进而影响其正时功能。

3）张紧轮运转不正确。不管是光滑的滑轮还是带齿的滑轮，就像惰轮或导向轮一样，张紧轮也需要提供适当的张紧力并自由地旋转，因此当张紧轮不能正确工作时，就像惰轮和导轮一样，将会给正时带的工作寿命带来很大影响。

（2）对正不准确

关于正时带的使用寿命，人们很少讨论未对正的正时带导轨对其产生的影响，但是这个因素是很重要的。工作时，每根正时带都绕着其轨迹以每分钟数千转的速度运动着，这种面面接触的开合运动产生的巨大摩擦将会导致正时带的提前损坏。因此，在安装正时带的前后，我们都要对正时系统各部件安装的位置进行仔细的检查，查看是否准确对正，这样就可以尽量避免因为安装位置不准给正时带带来的损害。

（3）外部污染或损坏

与正时带接触的任何东西都可能损坏正时带，这就是正时带工作时整个系统被覆盖的原因。然而即使正时带的绝大部分都被保护起来，仍会有少量发动机内的油液，例如机油、冷却液等影响到正时带，使其打滑或发生化学腐蚀。另外，小石子、小金属屑或其他碎屑也可以通过各自的途径钻到正时带区域，这些也都可能损害正时带。

（4）安装不正确

这是我们最能成功控制的一部分，只要我们严格按照使用说明书来操作即可。说明书与更换用的正时带附在一起。说明书上的内容是实际研究和测试的结果。不要用杠杆或螺钉旋具强行撬动正时带使其伸长而进入正常轨道，因为正时带是按照不能伸长来设计的。安装时应该先释放正时带上的张紧力，把正时带先搁置到轨道上，然后再恢复张紧力。要用专门的定位和张紧工具来安装，这样就可以保证安装、定位和张紧正时带正确，并且可以保证所有部件都能平滑地转动。

3. 正时带更换组件

现在，大部分正时带制造商和供应商都提供正时带更换组件，其中包括正时带、张紧轮、惰轮和导向轮在内的所有部件，并统一装在一个盒子里。这些部件都是根据特殊使用条件定做的。

根据一家正时带制造商的经验，如果张紧轮或惰轮出现了问题却没有进行更换，这将会导致刚更换不久的正时带再一次出现故障；或者反过来说，如果刚更换的新正时带出现故障，那么50%都是因为没有更换出现问题的张紧轮或惰轮造成的。因此，最好是同时更换安装正时系统的所有部件。

4. 正时系统维修注意事项

1）当汽车行驶 4.83 万 km 以后，要检查正时系统，查看其是否出现了过度磨损现象。

2）检查整个正时系统，包括正时带、带轮、张紧轮和惰轮。

3）提醒客户，更换正时系统不要超过制造商推荐的更换周期。一旦发现任何故障问题，要立即进行更换工作。

4）更换时，要更换正时系统中的所有部件，并使用相互匹配的整套部件。

5.4 检测气缸压力

使用气缸压力表（图 5-9）检测发动机气缸压力。气缸压力表测量范围有两种：0～1MPa 和 0～2MPa。

1）在检测气缸压力之前，应先检查发动机机油、起动机和蓄电池是否正常。并且，在确定汽车的各项指标都符合要求的情况下，起动发动机至正常工作温度时停止。

2）脱开火花塞电缆。

3）拆下全部火花塞。

4）脱开分电器的插接器（防止发动机控制器进行点火和喷油）。

5）用抹布将火花塞孔盖住，在转动发动机曲轴后检查抹布，应没有杂物粘在抹布上。

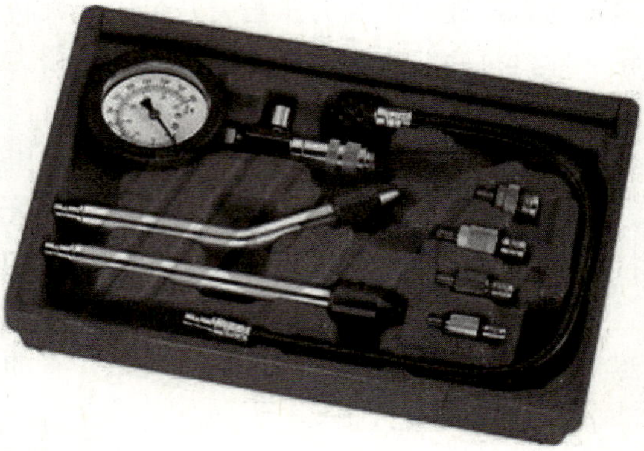

图 5-9　气缸压力表

6）将压缩压力表装到其中的一个火花塞孔中。

7）在节气门全开的状态下转动曲轴，测量压缩压力。

标准值（发动机转速为 250～400r/min）：1.294MPa。

极限值（发动机转速为 250～400r/min）：0.981MPa。

8）测量全部气缸的压缩压力，并检查各缸之间的压缩压力差是否小于极限值（0.098MPa）。

9）如果一个缸的压缩压力或各缸间的压缩压力差值超出极限值，那么可从火花塞孔注入少量的机油，然后重复第 7 和第 8 步。

如果注入机油后压缩压力升高了，则压缩压力不正常是由于活塞环或气缸内壁磨损或损伤而引起的。如果注入机油后压缩压力仍不升高，则压缩压力不正常是由于气门座烧坏或密封不好，或者是由于垫片部位漏气而引起的。气缸压力检查分析如图 5-10 所示。

10）连接分电器插接器。

11）安装火花塞和电缆。

12）清除由于脱开分电器而产生的故障码。

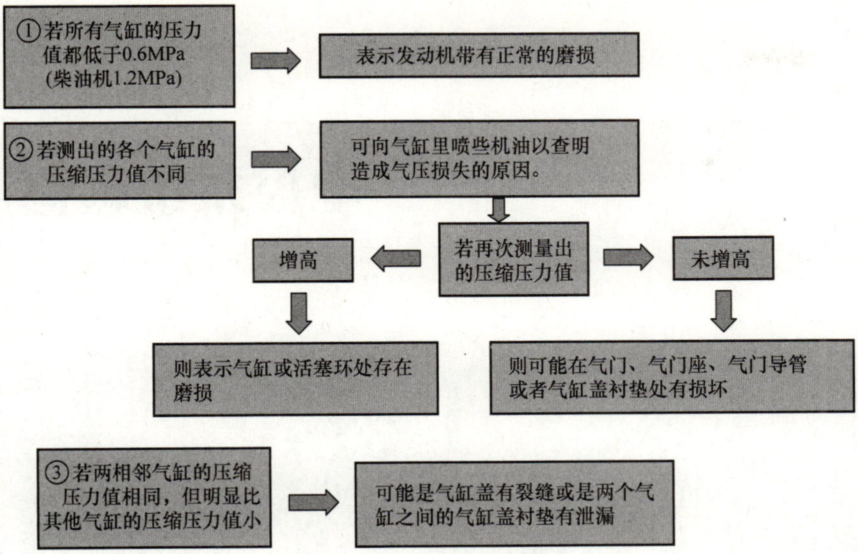

扫一扫

气缸压力测试

图 5-10 气缸压力检查分析

5.5 综合检测

结合图 5-11 所示的四个图进行操作，并说明图示的操作意义，并按照图示结合实物进行操作。

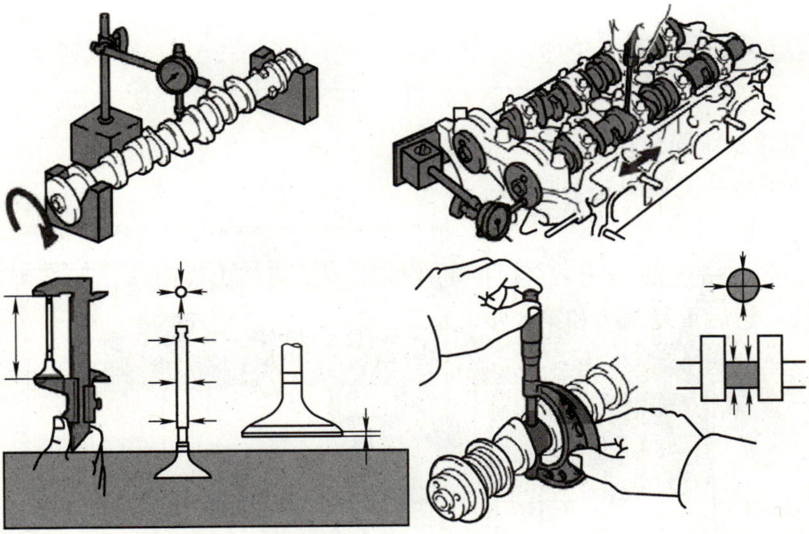

图 5-11 综合检测步骤

第 6 章

CHAPTER 6

电控系统检修

【任务导入】

电控发动机已十分普遍，它由电子控制系统控制发动机的燃油喷射、点火等。所以，学习对发动机电子控制系统进行检修十分重要。

【学习目标】

了解发动机电控系统的传感器、执行器部件的安装位置，掌握对电控系统典型传感器和执行器部件及电路进行检测的方法和检测工具的使用要求。

6.1 电控燃油供给系统

1. 燃油供给系统简介

电控燃油供给系统如图 6-1 所示。

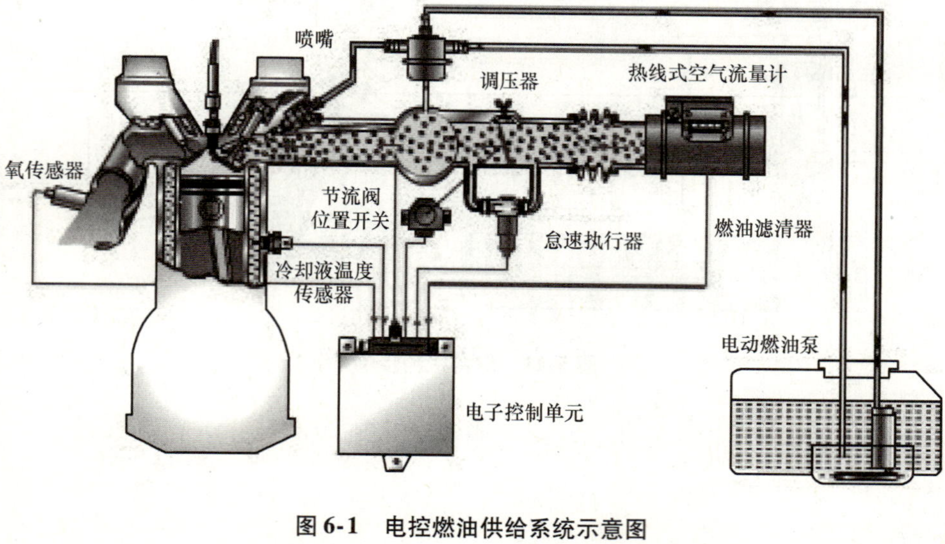

图 6-1　电控燃油供给系统示意图

在汽车电控燃油喷射系统发展过程中，有很多形式的燃油喷射系统。

按喷油器与气缸的数量关系进行分类，可以分为以下两种。

1）单点燃油喷射（Single Point Injection，SPI）系统。该系统是在节气门体上安装一个或两个喷油器，向进气歧管中喷射燃油，从而形成可燃混合气。又称为节气门体燃油喷射系统。

2）多点燃油喷射（Multiport Fuel Injection，MFI）系统。这种燃油喷射系统按照喷油器安装位置又可分为进气道喷射和缸内喷射两种，如图6-1所示。进气道喷射是指在每一个气缸的进气门前的进气管内安装一个喷油器。喷油器喷出燃油后，在进气门附近与空气形成可燃混合气。缸内喷射是指喷油器将高压燃油喷进气缸内的喷射方式。大多数车型系统，如丰田公司的TCCS系统、大众公司的MOTRONIC系统、通用公司的MFI系统、日产公司的EGI系统和ECCS系统等采用了进气道燃油喷射系统。而缸内直接喷射技术还处在完善和提高阶段，它使用特殊的喷油器和燃烧结构，燃油喷雾效果更好，发动机的经济性和排放性能远远好于普通汽油发动机。三菱的GDI发动机、大众的FSI发动机均采用直接喷射。

2. 拆卸及更换燃油滤清器的注意事项

1）有些滤清器有O形圈，以防止燃油泄漏，每次更换燃油滤清器时必须同时更换O形圈。

2）在拆卸燃油滤清器时，会有燃油泄漏，故应在滤清器下方放置合适的容器，并慢慢拆卸燃油滤清器的接头；万一燃油滴漏在地上，应及时清洁。

3）在拆卸燃油滤清器时，必须远离火源，必须配备灭火器。

4）在维修燃油系统时务必保持清洁。

5）燃油滤清器的更换没有明确的时间间隔。如果出现堵塞，仅更换燃油滤清器即可。

6）只要拆卸或更换燃油滤清器，就必须先起动车辆检查燃油滤清器接头是否泄漏燃油。

3. 喷油器故障对车辆性能的影响

喷油器一旦发生故障，将造成喷油量减少、过多、不喷油或者泄漏等现象，导致喷油雾化效果变差，最终出现发动机动力下降、排气管冒黑烟等故障。

喷油器的故障主要包括：针阀处过脏，堵塞，磨损，泄漏，电磁线圈损坏，雾化状况不良等。各气缸喷油器的喷油量相差太大，也会造成整个发动机运转不平稳。

6.2 喷油器的检测

喷油器如图6-2所示，喷油器的结构如图6-3所示。喷油器检测项目主要有喷射压力、喷射行程、喷油锥角、雾化状态及喷油嘴的密封性能。

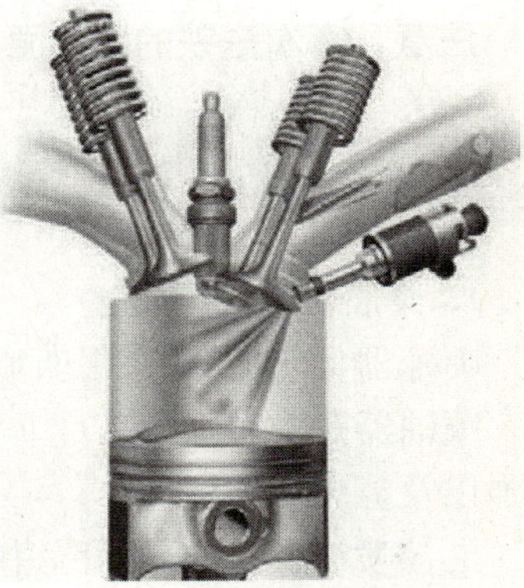

图6-2　喷油器

电控燃油喷射发动机都装有电子喷油器，喷油器的功能直接影响发动机的动力性和经济性。若电子喷油器工作不正常，则发动机油耗会增大，功率下降，怠速运转时会发抖。为保证车辆正常工作，车辆每行驶3万km应更换燃油滤芯；每行驶8万km，应清洗电子喷油器。在日常车辆维护中，应加强对电子喷油器的检查与维护，现介绍几种对电子喷油器进行检测的简便方法。

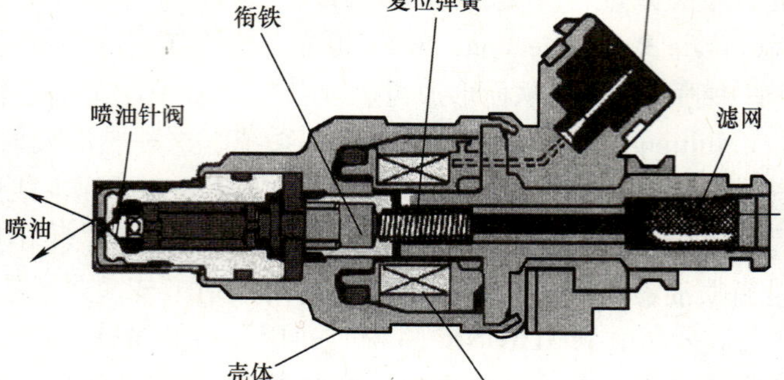

图 6-3　喷油器的结构

1）起动发动机，怠速运转，逐缸拔下与喷油器接线座相连的插件。若拔下某缸插件后，发动机转速明显下降，排气管声音亦有很大变化，说明该缸喷油器工作正常；反之，则说明该缸喷油器存在故障。

2）用万用表测量与喷油器相连接的两个端子间的电阻值，看其与要求的电阻值是否相符。一般电流驱动的喷油器电阻值在 3Ω 左右；电压驱动的喷油器电阻值在 15Ω 左右。如果测得的电阻值与要求值相差太大，则应继续下面的检查。

3）检查与喷油器相连的电路是否有问题。简便的方法是将 12V 的试灯接在与喷油器相连接的两个端子之间，起动发动机，若试灯不闪烁，说明线路有故障，应对喷油器的电源线路和搭铁线路进行检查；若无故障，则应检查以下一些内容。

4）检查喷油器的进油孔，看是否发生堵塞。若已堵塞，则说明喷油器有故障，须更换新件。

5）检查供油管路和供油总管是否被堵塞。如果有堵塞，则应予以修理或更换。

扫一扫

清洗喷油器

6）检查喷油器的工作状况。将 12V 电压接到喷油器接线座的一个端子上，另一个端子搭铁并不断地接通与断开，若每次搭铁的瞬间，喷油器都发出短促的“咔嗒”声，则说明喷油器工作良好；否则，说明其存在故障，须更换新件。

注意：每次搭铁的时间要非常短，不然容易损坏喷油器线圈。

6.3　柴油机喷油器的检测

1. 柴油机喷油器概述

喷油器接收 ECU 送来的喷油脉冲信号，精确地控制燃油喷射量。

喷油器是一种加工精度非常高的精密器件，要求其动态流量范围大，抗堵塞和抗污染能力强以及雾化性能好。

电控喷油器是共轨系统中最关键和最复杂的部件，也是设计、工艺难度最大的部件。ECU 通过控制电磁阀的开启和关闭，将高压油轨中的燃油以最佳的喷油定时、喷油量和喷油率喷入燃烧室。为了实现有效的喷油始点和精确的喷油量，共轨系统采用了带有液压伺服系统和电子控制元件（电磁阀或压电元件）的专用喷油器。喷油器喷油过程如图 6-4 所示。

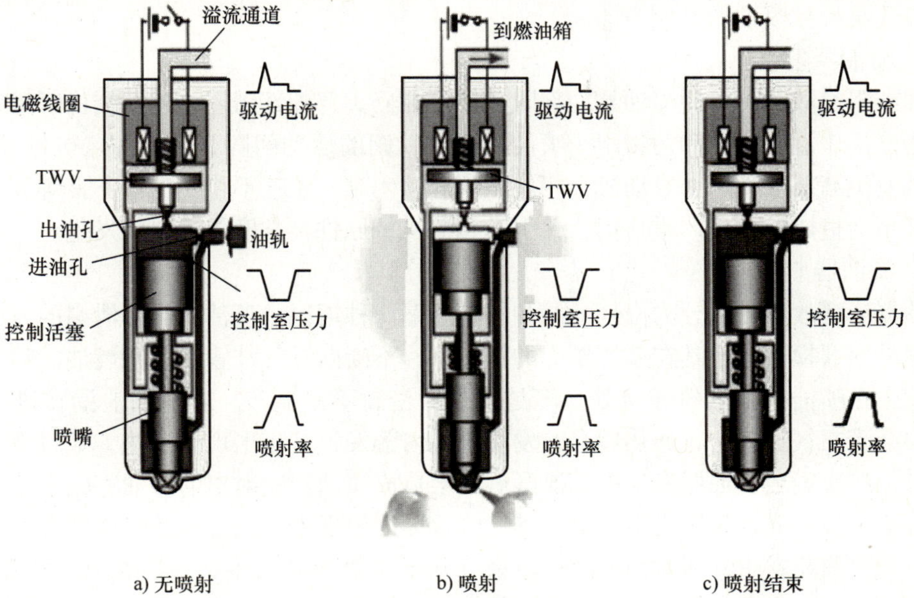

图 6-4　喷油器喷油过程

喷油器由与传统喷油器相似的孔式喷嘴、液压伺服系统（控制活塞、控制量孔等）、电磁阀或压电元件等组成。

喷油器工作 700h 左右应检查调整一次。若开启压力低于规定值 1MPa 以上或针阀头部积炭严重，则应卸出针阀放入清洁柴油中用木片刮除积炭，用细钢丝疏通喷孔，装后进行调试，要求同一台机器的各缸喷油压力差必须小于 1MPa。

为使喷油器喷入缸内的柴油能够及时地完全燃烧，必须定期检查油泵的供油时间。供油时间过早，车辆会出现起动困难和敲缸的故障；供油时间过迟，会导致排气冒黑烟、机温过高、油耗上升。

喷油器针阀偶件的配合精度极高，并且喷孔孔径很小，因而必须严格按照季节变化选用规定牌号的清洁柴油，否则喷油器就不能正常工作。

清洗喷油器针阀偶件时不得与其他硬物相碰，也不可使其跌落在地，以免碰伤擦伤。更换喷油器针阀偶件时，应先将新偶件放入 80℃ 的热柴油中浸泡 10s 左右，让防锈油充分溶化后，再在干净柴油中将针阀在阀体内来回抽动，彻底洗净，这样才能避免喷油器工作时因防锈油溶化而发生粘住针阀的故障。

2. 柴油机喷油器常见故障

喷油器常见的故障包括机械故障和电路故障。机械故障包括喷油器针阀卡滞、喷油器阻塞及泄漏。当喷油器出现上述故障后，会引起机械动作失效，从而影响发动机的正常运转，有时甚至会使发动机出现严重故障。

（1）喷油器针阀卡滞

喷油器的工作是由发动机控制单元发出信号，喷油器的电磁线圈通电后产生吸力从而驱动喷油器针阀动作的。针阀与阀座的间隙被残存的黏胶物阻塞，致使针阀动作发涩不能正常打开，从而影响正常的喷油量。喷油器发生针阀卡滞故障后，发动机会出现起动困难、怠速不稳、加速不良等症状。产生喷油器卡滞的主要原因是使用了劣质汽油，因为劣质汽油中的石蜡和胶质会导致喷油器针阀卡滞。

（2）喷油器阻塞

喷油器阻塞故障可分为喷油器内部阻塞和喷油器头部外部阻塞。喷油器内部阻塞产生的原因多是汽油中混入杂质和污物阻塞喷油器内部针阀的运动间隙，使喷油器机械动作异常。当喷油器发生堵塞故障后，发动机会相应出现起动困难、怠速不稳、加速不良等症状，情况严重时甚至会造成发动机严重抖动，并引发相关机械原件异常磨损情况的发生。

（3）喷油器泄漏

喷油器泄漏故障一般分为内部泄漏和外部泄漏两种情况。喷油器内部泄漏的原因多是其在使用中早期磨损，造成其在系统压力的作用下，不断向进气歧管内泄漏燃油。喷油器外部泄漏多发生在喷油器和油轨连接处，多是密封面密封不严所致。若汽油泄漏在进气歧管外部，则油会滴在气缸体上，遇热后会在发动机舱内蒸发，一旦出现电火花，随时都会引起火灾，后果很严重。当喷油器发生内部泄漏后，会造成喷油器喷射出的燃油雾化不好，引起发动机运转不平稳，混合气燃烧不完全，排气管冒黑烟等现象，并会导致车辆的燃油消耗量明显增加。当喷油器发生外部泄漏故障后，会导致发动机起动困难、怠速熄火、动力性下降、耗油量增加、运转喘振和加速不良等故障的发生。另外，当喷油器与进气管连接处的密封面破损后，还会导致进气系统泄漏，致使额外的空气进入发动机的燃烧室，造成混合气偏稀，引发发动机运转异常。

3. 喷油器检测

可以使用LED测试灯检测喷油器。将LED测试灯连接在喷油器插头两个插孔中，打开点火开关。

1）起动发动机，如果LED灯仍不亮，则表明晶体管c极和e极断路。

2）起动发动机时，LED灯会闪亮，说明传感器和电控单元是好的。

3）如果LED灯一直点亮，表明晶体管c极和e极有问题。

6.4 热膜式空气流量传感器的检测

空气流量传感器是喷油控制的基本信号，也是决定信号，如图6-5所示。此信号的好坏将影响混合气的配比，也直接影响发动机的动力性、稳定性及污染性。

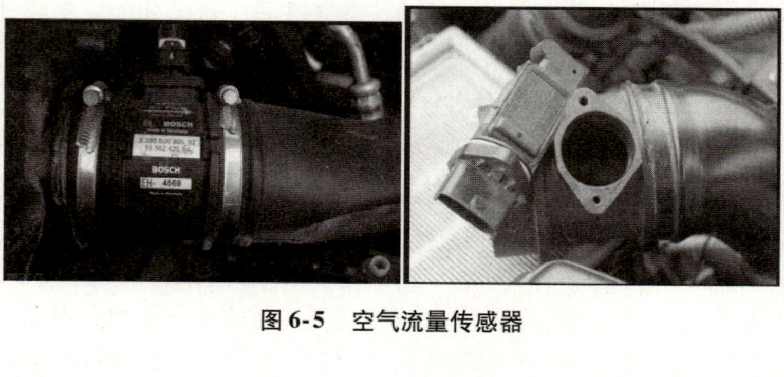

图6-5　空气流量传感器

当空气流量传感器信号发生故障时，电控单元将故障码存储的同时，也将进气量的测量权交于节气门位置信号替代，这是电控单元的一大功能，即失效保护功能。可想而知，好的空气流量传感器信号与节气门位置信号有着一定的差距。前者精度高，发动机各工况均好；后者精度差，相比之下，发动机各工况的控制稍有差别。

当空气流量传感器信号出现偏差（不准确）时，电控单元将按错误信号进行喷油控制，这时混合气或者过浓或者过稀，造成发动机转速不稳及动力不足。此种故障在我国国产车型上经常发生，特别是大众车系，更换空气流量传感器的工作是普遍现象。由于热膜式空气流量传感器不设自洁功能，常常被脏物影响，同样造成信号不准确。信号不准确的传感器比损坏的传感器危害更大。热膜式空气流量传感器的结构及原理如图 6-6 所示。

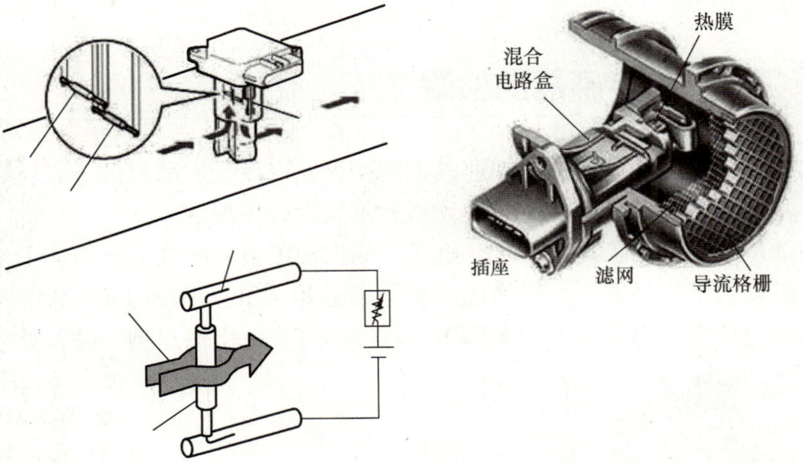

图 6-6　热膜式空气流量传感器结构及原理

案例：一辆大众车系的轿车怠速不稳，加速不良，怀疑其热膜式空气流量传感器信号有问题。此时可以在发动机运转的状况下拔下空气流量传感器的插头，观察发动机的变化情况。将会出现以下三种情况。

（1）故障消失

说明此空气流量传感器信号有偏差，并没有损坏，电控单元一直按有偏差的错误信号进行喷油控制。由于混合比失调，发动机燃烧不正常，将会出现发动机转速不稳或动力不良现象。当拔下空气流量传感器插头时，电控单元检测不到进气信号，便会立即进入失效保护功能，以节气门位置传感器信号替代空气流量传感器信号，使发动机继续以替代值进行工作。拔下空气流量传感器插头，故障消失，正说明了拔插头前信号不正确，拔插头后信号正确，故障消失。

一般情况下，故障现象可以表明混合气的浓度。为了确认，可以用检测的方法，以数据说话。在插头的信号端测量动态信号电压，怠速工况下，标准电压为 0.8～1.4V；加速到全负荷时，电压信号可接近 4V。此车实测值：怠速时为 0.3V，加速到满负荷时只有 3V。由此可以确认，空气流量传感器有问题，信号电压整体偏低。故障原因有两种可能：①零件质量问题，应更换；②脏污问题，只要用清洗剂清洗即可恢复。

（2）故障依旧

说明此空气流量传感器早已损坏或线路不良，造成电控单元根本没收到信号或收到的是超值信号，电控单元确认空气流量传感器信号不良，进入到失效保护功能，同时将故障码存入存储器，故障指示灯闪烁（指装有指示灯的发动机）。此时拔下空气流量传感器插头与不拔插头结果是一样的，故障现象不会发生变化。那么当前的故障不应是空气流量传感器信号不良所致，而是由其他原因所致。当真正的原因找到后，务必更换空气流量传感器。

（3）故障现象稍有变化

说明此空气流量传感器是好的。拔下空气流量传感器插头前，电控单元根据空气流量传感器信号进行控制，喷油量准确，发动机各工况均好；当拔下空气流量传感器插头时，电控单元根据节气门位置传感器信号进行控制，喷油量有差异（可从数据流中读出这微小的变化值），发动机工况相对稍差。

6.5 节气门位置传感器的检测

汽车发动机节气门由驾驶人通过加速踏板来操纵，以改变发动机的进气量，从而控制发动机的转速。不同的节气门开度标志着发动机的不同运转工况。

为了使喷油量满足不同工况的要求，电子控制汽油喷射系统在节气门体上装有节气门位置传感器。它可以将节气门的开度转换成电信号输送给 ECU，作为 ECU 判定发动机运转工况的依据。节气门位置传感器有开关量输出型和线性可变电阻输出型两种，如图 6-7 所示。

图 6-7　节气门位置传感器

扫一扫

节气门位置

1. 开关量输出型节气门位置传感器的检测（图 6-8）

（1）结构和电路

开关量输出型节气门位置传感器又称为节气门开关。它有两副触点，分别为怠速触点（IDL）和全负荷触点（PSW）。由一个和节气门同轴的凸轮控制两开关触点的开启和闭合。当节气门处于全关闭的位置时，怠速触点 IDL 闭合，ECU 根据怠速开关的闭合信号判定发动机处于怠速工况，从而按怠速工况的要求控制喷油量；当节气门打开时，怠

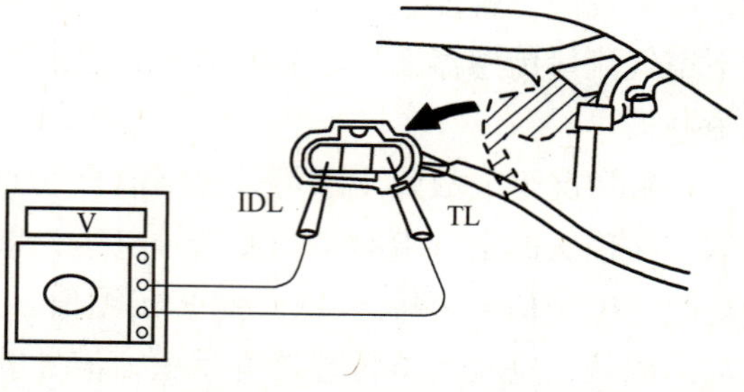

图 6-8　开关量输出型节气门位置传感器的检测

速触点打开，ECU根据这一信号进行从怠速到小负荷的过渡工况的喷油控制。全负荷触点PSW在节气门由全闭位置到中小开度范围内一直处于开启状态，当节气门打开至一定角度（丰田1G－EU车为55°）的位置时，全负荷触点开始闭合，向ECU送出发动机处于全负荷运转工况的信号，ECU根据此信号进行全负荷加浓控制。丰田1G－EU发动机电子控制系统用的是开关量输出型节气门位置传感器。

（2）开关量输出型节气门位置传感器的检查调整（丰田1S－E和2S－E）

就车检查端子间的导通性。点火开关置于OFF位置，拔下节气门位置传感器插接器，在节气门限位螺钉和限位杆之间插入适当厚度的塞尺；用万用表电阻挡在节气门位置传感器插接器上测量怠速触点和全负荷触点的导通情况。

当节气门全闭时，怠速触点IDL应导通；当节气门全开或接近全开时，全负荷触点PSW应导通；在其他开度下，两触点均应不导通，见表6-1，否则，应调整或更换节气门位置传感器。

表6-1　触点式节气门位置传感器的间隙检查

限位螺钉和限位杆之间的间隙	端子		
	IDL－E1	PSW－E1	IDL－PSW
0.5mm	导通	不导通	不导通
0.9mm	不导通	不导通	不导通
节气门全开	不导通	导通	不导通

2. 线性可变电阻输出型节气门位置传感器的检测

（1）结构和电路

线性可变电阻输出型节气门位置传感器是一种线性电位计，电位计的滑动触点由节气门轴带动。

在不同的节气门开度下，电位计的电阻也不同，从而将节气门开度转变为电压信号输送给ECU（图6-9）。ECU通过节气门位置传感器，可以获得表示节气门由全闭到全开的所有开启角度的、连续变化的电压信号，以及节气门开度的变化速率，从而更精确地判定发动机的运行工况。一般在这种节气门位置传感器中，也设有怠速触点IDL，以判定发动机的怠速工况。

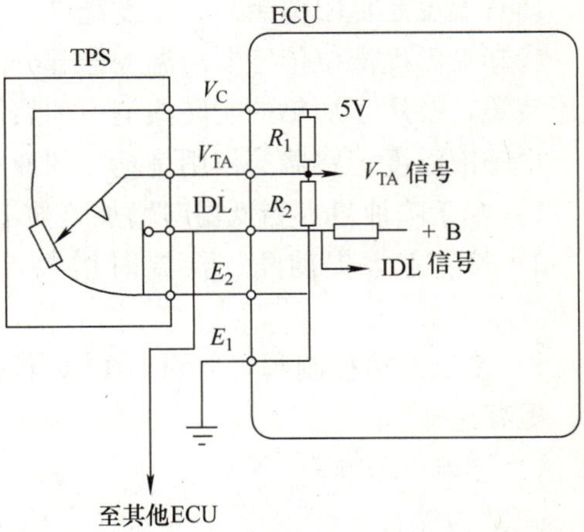

图6-9　线性可变电阻输出型节气门位置传感器与ECU的连接线路

（2）检查调整（以皇冠3.0为例）

1）怠速触点导通性检测。点火开关置于OFF位置，拔去节气门位置传感器的导线插接器，用万用表电阻挡在节气门位置传感器插接器上测量怠速触点IDL的导通情况。当节气门全闭时，IDL－E_2端子间应导通（电阻为0）；当节气门打开时，IDL－E_2端子间应不导通（电阻为∞），否则，应更换节气门位置传感器。

2）测量线性电位计的电阻。点火开关置于OFF位置，拔下节气门位置传感器的导线插接器，用万用表的电阻挡测量线性电位计的电阻，该电阻应能随节气门开度增大而呈线性增大。开关型节气门传感器标准电阻与电压值见表6-2。

表6-2　开关型节气门传感器标准电阻与电压值

检查条件	检测端子	标准值
点火开关OFF，拔下传感器导线插接器，节气门全关闭	IDL－E	<10Ω
	PSW－E	>1MΩ
点火开关OFF，拔下传感器导线插接器，节气门全开	IDL－E	>1MΩ
	PSW－E	<10Ω
点火开关OFF，拔下传感器导线插接器，节气门在全开与全闭之间	IDL－E	不能同时<10Ω
	PSW－E	
点火开关ON，节气门全关闭	IDL－E	>0.5V
	PSW－E（PSW端子没有接触）	4.5～5V
点火开关ON，节气门全开	IDL－E	4.5～5V
	PSW－E	>0.5V

6.6 冷却液温度传感器及进气温度传感器的检测

1. 冷却液温度传感器

（1）概述

冷却液温度传感器（图6-10）的内部结构均为热敏电阻，它的阻值在275～6500Ω之间，而且温度越低阻值越高，温度越高阻值越低。

冷却液温度液位传感器由温控器部分与液位控制部分组成，与其配套的还有电动阀前的减压装置，及用于加热的旋转式消声加热器。

冷却液温度传感器的作用是把冷却液的温度转换为电信号输入ECU，之后有如下功能。

1）修正喷油量：当低温时增加喷油量。

2）修正点火提前角：低温时增大点火提前角；高温时，为防止爆燃，推迟点火提前角。

3）影响怠速控制阀：低温时ECU根据冷却液温度传感器的信号控制怠速控制阀的动作，提高速转。

4）影响EGR阀。

（2）检测

1）传感器电阻：拆下传感器，浸入热水中，测量电阻，应与规定值相符，并随温度的升高而减小，如图6-11所示。

2）示波器检测。

模拟信号：冷车，3～5V；冷却液温度升高，信号电压减小；热机，1V左右（图6-12）。

3）万用表测试。

如图6-13所示，进行短路检测，信号电压偏高，读取数据显示低温，怀疑是断路或虚接故障。

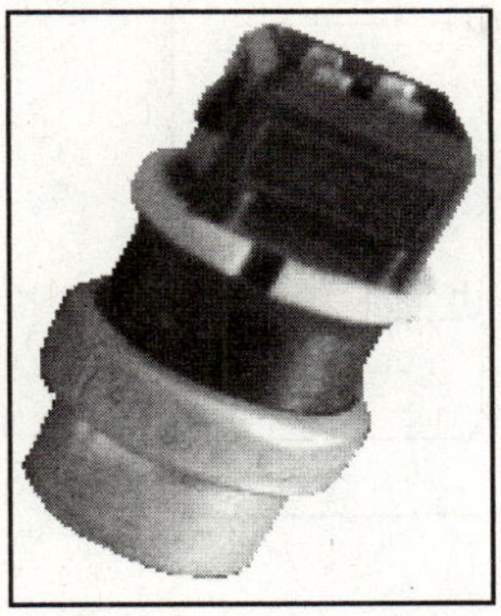

图6-10 冷却液温度传感器

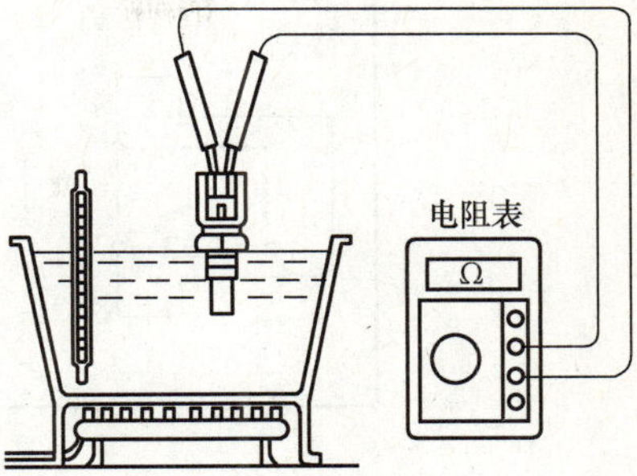

图6-11 冷却液温度传感器电阻检测

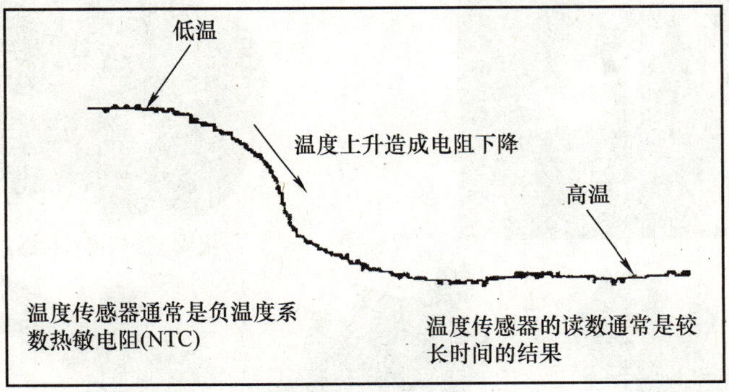

图6-12 示波器检测

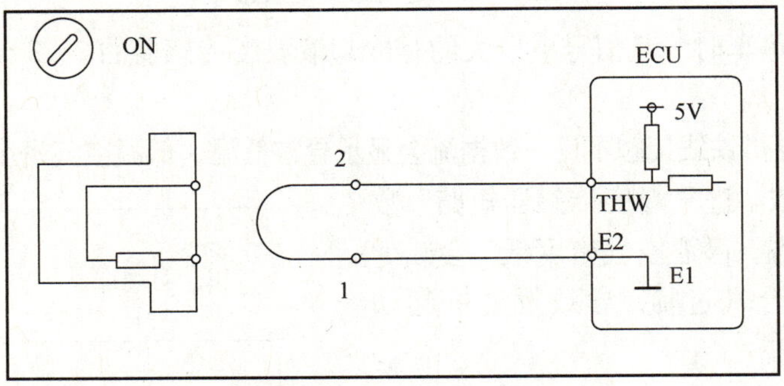

图6-13 短路检测

如图6-14所示，进行开路测试，信号电压偏低，读取数据显示高温，怀疑是短路故障。

2. 进气温度传感器

（1）概述

进气温度传感器（图6-15）是一个负温度系数热敏电阻，温度越高，电阻值减小，当温度降低时，电阻值增大。随着电路中电阻的变化，电压也发生变化，从而产生不同的电压信号，完成控制系统的自动操作。冷车时，进气温度传感器的信号与发动机冷却液温度传感

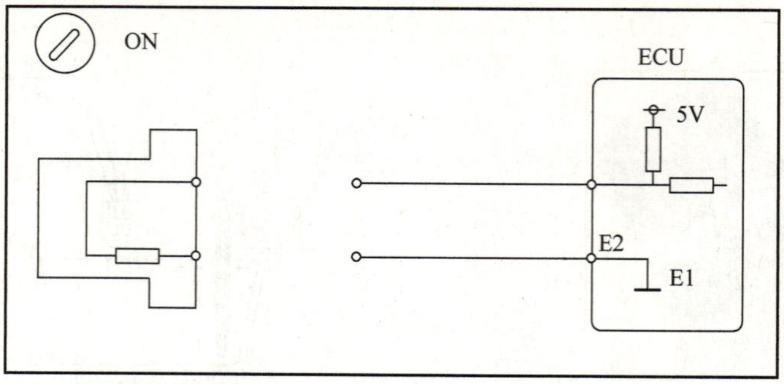

图 6-14　开路测试

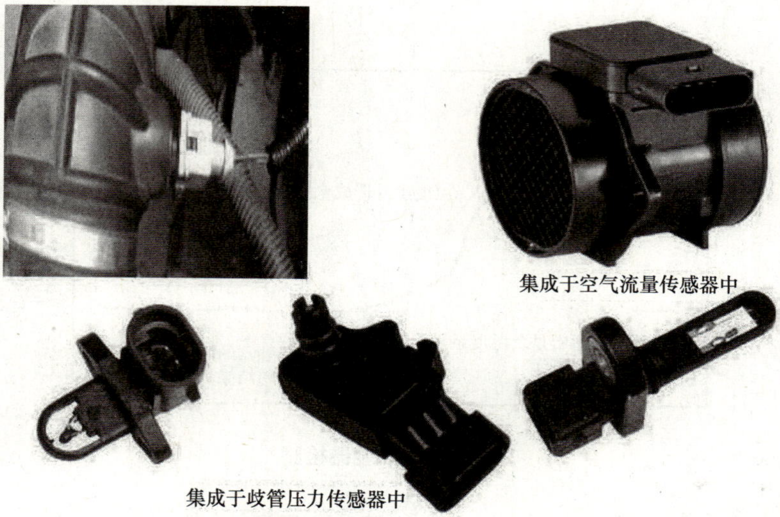

图 6-15　进气温度传感器

器信号基本相同；热车时，其信号电压大约是冷却液温度传感器的 2~3 倍。

（2）故障分析

进气温度传感器搭铁线接触不良，数据流会显示异常低温，低温空气密度高，会加大喷油脉宽，造成混合气过浓。进气温度传感器短路，数据流会显示异常高温，高温空气密度低，会减少喷油脉宽，造成混合气过稀，导致发动机起动困难。

（3）检测

1）电阻检测。单件检测时，点火开关置于 OFF 位置，拔下进气温度传感器导线插接器，并将传感器拆下，用电热吹风机、红外线灯或热水加热进气温度传感器，用万用表电阻挡测量在不同温度下两端子间的电阻值，将测量的电阻值与标准值进行比较，如果与标准值不符，则应更换进气温度传感器（图 6-16）。

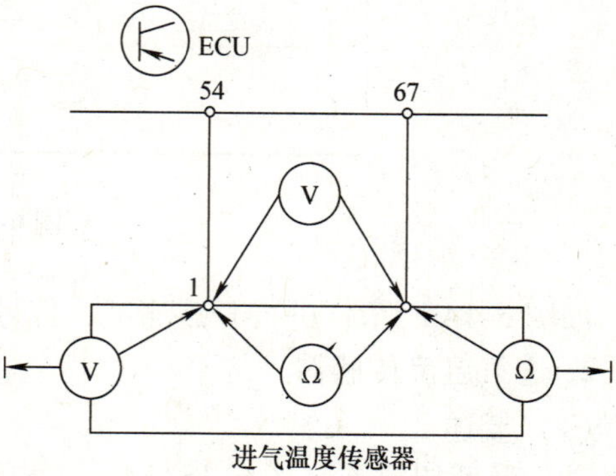

图 6-16　进气温度传感器检查

2）万用表检测。

信号线：点火开关置于 ON 位置，测量电压，应与规定值相符（在 1 ~ 5V 之间变化）。

电源线：点火开关置于 ON 位置，5V。

搭铁线：点火开关置于 OFF 位置，0Ω。

传感器电阻：测量电阻，应与规定值相符。

6.7　进气歧管压力传感器的检测

进气歧管压力传感器（图 6-17）是速度密度型传感器，该类型传感器在燃油喷射系统中极其重要，发挥着将进气歧管内的压力变化转换成电压信号的作用。ECU 依据该信号和发动机转速（由装在分电器内的发动机转速传感器提供）来确定进入气缸内的空气量。

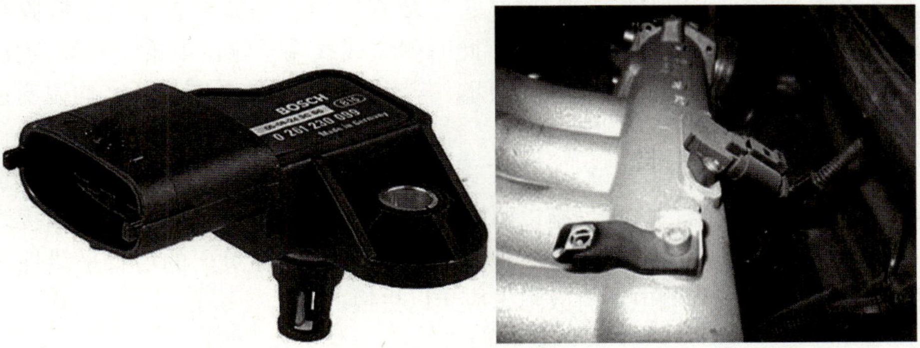

图 6-17　进气歧管压力传感器

由于进气歧管压力传感器内部有放大电路，故需要电源线、搭铁线和信号输出线共三根导线，相应地在接线端子上有三个接线端，分别为电源端子（VCC）、接地端子（E）和信号输出端子（PIM），三个端子通过导线插接器及导线与控制电脑 ECU 相连，如图 6-18 所示。

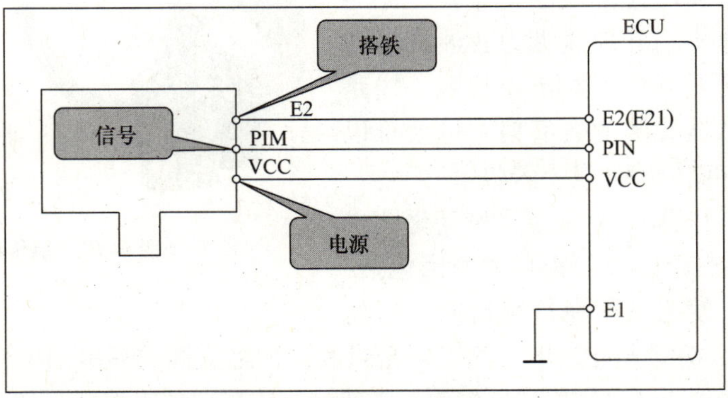

图 6-18　进气歧管压力传感器电路图

为了减少进气歧管压力传感器内部电子元器件的振动，它通常安装在车辆振动相对较小的位置上，并处于进气总管的上方，以防来自进气歧管的窜气侵入压力传感器。另外进气歧管压力传感器从下方接收进气歧管压力也可防止信号传感部分不受污染，因此，通过橡胶管从进气歧管靠近节气门处采集的进气歧管气体，是从歧管压力传感器下端接入的。

1. 外观检视

检视时，只需从进气歧管靠近节气门端找到橡胶软管，便可在汽车上找到歧管压力传感器。首先，在关闭点火开关的状态下，检查进气歧管压力传感器导线插接器的连接是否良好、橡胶软管是否脱落。然后起动发动机，查看橡胶软管有无密封不严和漏气现象。

2. 仪表测试

1）接通点火开关（置于 ON 位），用万用表的直流电压挡（DCV－20）测试接线端子 VCC 与 E_2 之间的电压值，该电压值即为 ECU 加在歧管压力传感器上的电源电压值，其正常值应在 4.5～5.5V 之间。若该值不正确，则应检查蓄电池电压或导线间的连接情况；有时问题也可能出在控制电脑 ECU 上。

2）接通点火开关（置于 ON 位），并从进气歧管压力传感器上拔下真空橡胶软管，使进气歧管压力传感器的进气口与大气相通，此时测试接线端子输出电压（PIM 与搭铁线 E_2 之间的电压值），其正常值在 3.3～3.9V 之间。若该输出电压过高或过低，均说明进气歧管压力传感器有故障，应予更换。

3）接通点火开关（置于 ON 位），拆下进气歧管压力传感器上的真空橡胶软管，用手持真空泵向歧管压力传感器进气口处施以不同的负压（真空度），边施压边测试接线端子输出电压（PIM 与搭铁线 E_2 之间电压值）。该电压值应随所施加负压的增长呈线性增长，否则，说明传感器内的信号检测电路有故障，应予以更换。

6.8 氧传感器的检测

1. 氧传感器概述

氧传感器（图 6-19）工作失常会影响 ECU 对混合气空燃比进行精确的控制，致使发动机动力性、经济性下降以及排气净化恶化。此时发动机易出现怠速不稳、加速无力、油耗增加等现象。通常情况下氧传感器出现故障、线路连接不良或氧传感器检测的数值偏差过大难以修正时，ECU 会存储故障并发出警告。

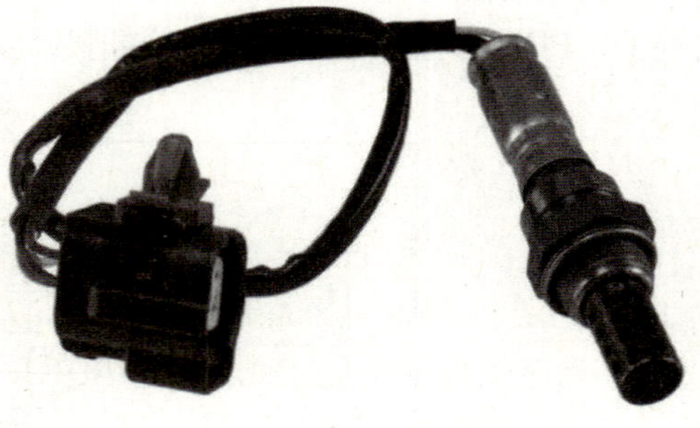

图 6-19 氧传感器

氧传感器有氧化锆式氧传感器和氧化钛式氧传感器两种。氧传感器过早损坏的原因包括：使用了含铅汽油，使铅粘附在传感器的工作面而发生铅“中毒”；发动机维修时使用了硅密封胶，加之汽油和润滑油中含有的硅化合物燃烧后生成的二氧化硅，导致氧传感器失效；加热型氧传感器电阻熔断，使其不能达到正常工作条件等。

2. 氧传感器的故障现象

氧传感器的故障现象有：发动机运转不平稳、工作粗暴、燃油经济性下降、排放超标、过早导致催化转化器损坏等。

3. 氧传感器检测

先要检查氧传感器的电阻是否完好，拔下氧传感器线束插头，用万用表电阻档测量氧传感器接线端中加热器接柱与搭铁接柱之间的电阻，其阻值参考具体车型说明书。如不符合标准，应更换氧传感器。

如果正常，再连接上线束插头，热车，氧传感器要达到350°（各车型有所不同）的工作温度，才能够满足闭环条件。

如果混合气过浓，按以下方法检测：发动机转速2500r/min时，移开再插上燃油压力调节真空管，如果电压表快速指示0.9V，则氧传感器能正确检测混合气过浓；如果电压反应迟缓或在0.8V以下，则氧传感器就该更换了。

如果混合气过稀，按以下方法检测：先制造少量真空漏气。如果电压值快速下降到0.2V，则氧传感器就能正确检测。如果电压反应缓慢或保持在0.2V以上，则该更换了。

如果氧传感器正常，就要检测与之相关的部件，如空气流量传感器、节气门位置传感器等，这些零件的损坏也会导致空燃比偏差无法修正。另外，最糟糕的情况是ECU的损坏，这种情况下，ECU不仅不会报告自身故障，还会误导是氧传感器出了问题。

通过观察氧传感器顶尖部位的颜色也可以判断故障。

1）灰色顶尖：这是氧传感器的正常颜色。

2）白色顶尖：由硅污染造成，此时必须更换氧传感器。

3）棕色顶尖：由铅污染造成，如果严重，也必须更换氧传感器。

4）黑色顶尖：由积炭造成，在排除发动机积炭故障后，一般可以自动清除氧传感器上的积炭。

6.9 爆燃传感器的检测

爆燃传感器就装在发动机缸体中，以四缸机为例，装在2缸和3缸之间，或者1缸、2缸中间一个，3缸、4缸中间一个（图6-20）。它是用来测定发动机抖动度的，当发动机产生爆燃时用来调整点火提前角。

爆燃传感器有很多种，其中应用最早的当属磁致伸缩式爆燃传感器，它主要由磁芯、永久磁铁和感应线圈等组成（图6-21）。当机体振动时，磁芯受振偏移，使感应线圈内的磁通量发生变化，而在感应线圈内产生感应电动势。其他种类如压电陶瓷式爆燃传感器，当发动机有抖动时里面的陶瓷受到挤压产生电信号，因为这个电信号很弱，所以一般的爆燃传感器的连接线上都用屏蔽线包裹。

共振型压电式传感器应用最多，它一般安装在发动机机体上部，利用压电效应把爆燃时产生的机械振动转变为信号电压。当发生爆燃时的振动频率（约6000Hz左右）与压电式传感器自身的固有频率一致时，即产生共振现象。这时传感器会输出一个很高的爆燃电压信号送至ECU，ECU及时修正点火时间，避免爆燃的产生。

低标号燃油、点火过早等原因引起的发动机爆燃会造成发动机损坏。爆燃传感器的作用是将发动机爆燃以电信号的形式传递给电子控制模块，该信号是控制模块调整点火正时以阻止进一步爆燃的重要依据。爆燃传感器一般都是压电陶瓷式的。

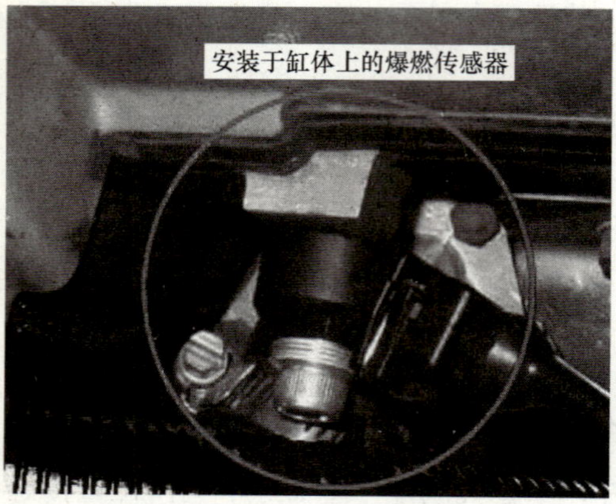

图 6-20　爆燃传感器的位置

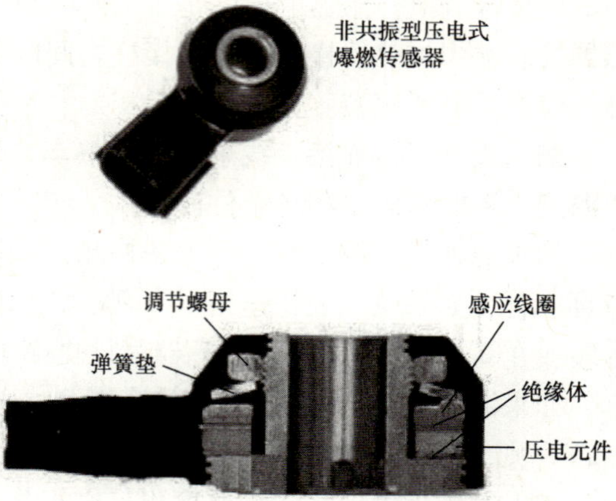

图 6-21　爆燃传感器结构图

爆燃传感器是交流信号发生器，但它们与其他大多数汽车交流信号发生器大不相同，除了像磁电式曲轴和凸轮轴位置传感器一样探测转轴的速度和位置，它们还探测振动或机械压力。与定子和磁阻器不同，它们通常是压电装置的。它们由能感知机械压力或振动（例如发动机爆燃时能产生交流电压）的特殊材料构成。

爆燃传感器通常十分耐用，因此传感器只会因本身失效而损坏。

爆燃传感器是一种振动传感器，其检测方法很简单。检测方法如下：使用示波器或指针式万用表测量传感器的输出电压，爆燃传感器插头有三个插针，其中一个是屏蔽层，在电路中接搭铁，另外两个插针用于信号输出，连接 ECU；测量时将示波器或万用表的表笔连接在传感器的信号输出端子上，然后用木棒敲击爆燃传感器，此时在示波器上就显示一个脉冲电压波形，用万用表测量时指针会瞬时偏转；若敲击传感器时没有电压输出，则说明传感器损坏。

6.10　曲轴位置传感器的检测

1. 概述

曲轴位置传感器和发动机转速传感器制成一体，既用于发动机曲轴位置、上止点位置的测定，又用于发动机转速的测定。

发动机转速传感器将发动机转速信号输入 ECU，以便使发动机控制系统、起动系统、ABS/TRAC（ASR）制动防滑控制系统、悬架系统、导航系统等各种装置能正常工作。

2. 曲轴位置传感器的类型

曲轴位置传感器有光电式、磁感应式和霍尔式三种类型。磁感应式又有轮齿磁脉冲式和轮子磁脉冲式两种。霍尔式有触发叶片式和触发轮齿式两种。

光电式和霍尔式曲轴位置传感器如图 6-22 所示，磁感应式传感器如图 6-23 所示。

日产公爵王轿车、三菱与猎豹越野车采用光电式曲轴位置与凸轮轴位置传感器。丰田系列轿车通常采用磁感应式曲轴位置与凸轮轴位置传感器。大众车系采用磁感应式曲轴位置传感器和霍尔式凸轮轴位置传感器。别克车有两个曲轴位置传感器，7 × 传感器采用磁感应式，

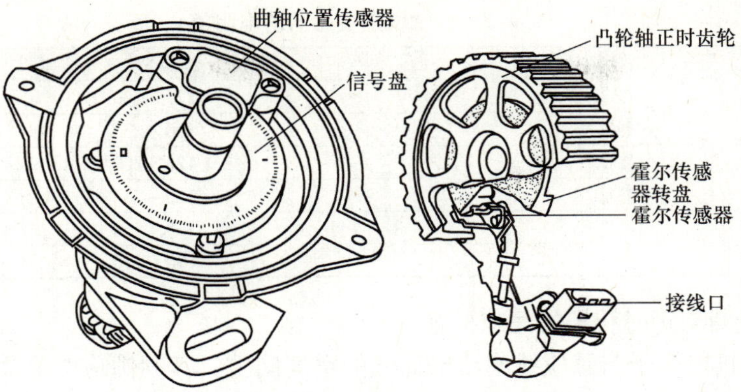

图6-22 光电式和霍尔式曲轴位置传感器

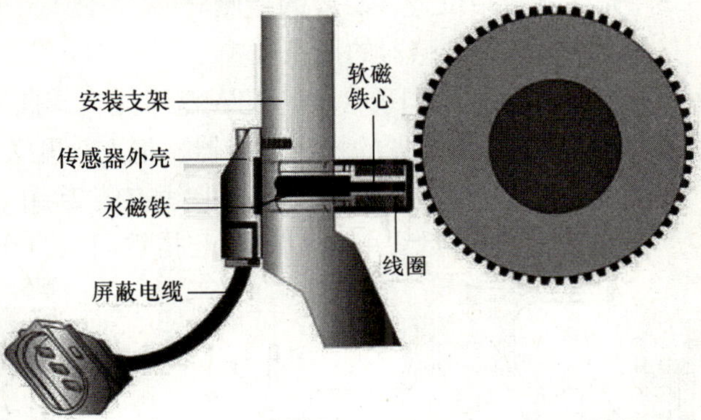

图6-23 磁感应式传感器

24×传感器采用霍尔式。红旗CA7220E轿车和切诺基越野车采用霍尔式曲轴与凸轮轴位置传感器，且曲轴位置传感器为差动霍尔式传感器。

3. 传感器检测注意事项

1）磁感应式和霍尔式传感器都要先检查传感器到靶轮之间的间隙。

2）磁感应式传感器可以用电阻表检测它的电阻，阻值一般在几百到1000多Ω之间，视车型而定。也可以起动发动机测量它的电压，该电压应该随着发动机转速的升高而升高。

3）霍尔式传感器可以先测其是否有供电电压（注意：测量时要打开开关），然后测量传感器的搭铁端。最后测量信号电压，信号电压值应该接近参考电压和0V。霍尔式曲轴位置传感器有三根线，一根是供电线（提供参考电压），另一根是搭铁线，还有一根就是信号线。传感器工作时，信号线会输出方波信号，方波的幅值接近参考电压，方波的底部接近0V，发动机的转速越高方波的频率就会越大。

4. 磁感应式曲轴位置传感器的检测

以皇冠3.0轿车2JZ－GE发动机电子控制系统中使用的磁脉冲式曲轴位置传感器为例说明其检测方法。

（1）曲轴位置传感器的电阻检查

点火开关置于OFF位置，拔下曲轴位置传感器的导线插接器，用万用表的电阻档测量曲轴位置传感器上各端子间的电阻值。如电阻值不在规定的范围内（表6-3），则必须更换曲轴位置传感器。

（2）曲轴位置传感器输出信号的检测

拔下曲轴位置传感器的导线插接器，当发动机转动时，用万用表的电压档检测曲轴位置传感器上G_1-G_-、G_2-G_-、$Ne-G_-$端子间是否有脉冲电压信号输出。如没有脉冲电压信号输出，则须更换曲轴位置传感器。

表 6-3　曲轴位置传感器的电阻值

端子	条件	电阻值/Ω
G_1-G_-	冷态	125～200
	热态	160～235
G_2-G_-	冷态	125～200
	热态	160～235
$Ne-G_-$	冷态	155～250
	热态	190～290

（3）感应线圈与正时转子的间隙检查

用塞尺测量正时转子与感应线圈凸出部分的空气间隙，其间隙应为 0.2～0.4mm。若间隙不合要求，则须更换分电器壳体总成。

5. 光电式曲轴位置传感器的检测

（1）曲轴位置传感器的线束检查

图 6-24 所示为韩国现代 SONATA 汽车光电式曲轴位置传感器插接器的端子位置。检查时，脱开曲轴位置传感器的导线插接器，把点火开关置于 ON 位置，用万用表的电压档测量线束侧 4#端子与地间的电压应为 12V，线束侧 2#端子和 3#端子与地间电压应为 4.8～5.2V，用万用表的电阻档测量线束侧 1#端子与搭铁间应为 0Ω（导通）。

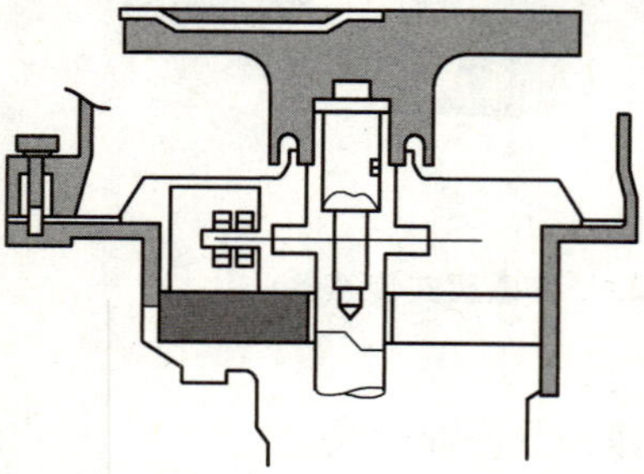

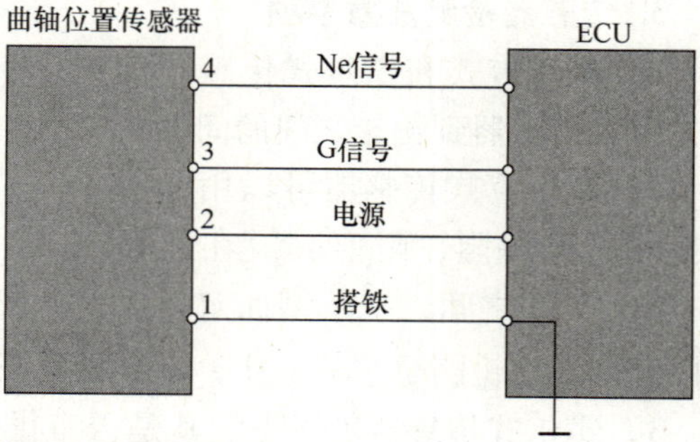

图 6-24　光电式曲轴位置传感器

（2）光电式曲轴位置传感器输出信号检测

用万用表电压档接在传感器侧 3#端子和1#端子上，在起动发动机时，电压应为 0.2～1.2V。在起动发动机后的怠速运转期间，用万用表电压档检测 2#端子和 1#端子电压应为 1.8～2.5V。否则应更换曲轴位置传感器。

6. 霍尔式曲轴位置传感器的检测

霍尔式曲轴位置传感器的检测方法有一个共同的特点，即主要通过测量有无输出脉冲信号来判断其工作性能是否良好。

以别克君威的霍尔式曲轴位置传感器为例。曲轴位置传感器的控制电路中，三个端子分别为电源、信号和搭铁，如图 6-25 所

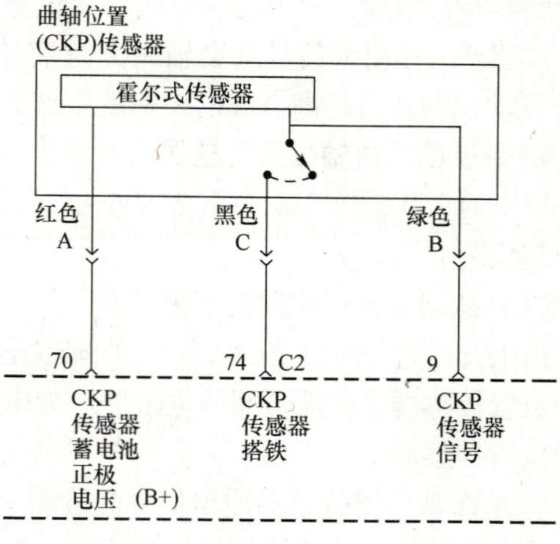

图 6-25　别克君威霍尔式曲轴位置传感器的电路图

示。当飞轮齿槽通过传感器时，霍尔传感器输出脉冲信号，高电位为 12V，低电位为 0.3V。

按表 6-4 对霍尔式曲轴位置传感器进行检测。霍尔式曲轴位置传感器波形如图 6-26 所示。

表 6-4　霍尔式曲轴位置传感器检测

端子	测试条件	测试值
A – C	点火开关置于 ON 位置	12V
B – C	发动机运转	0.3 ~ 12V
A – B	拔下传感器上插头，点火开关置于 OFF 位置	$R = \infty$

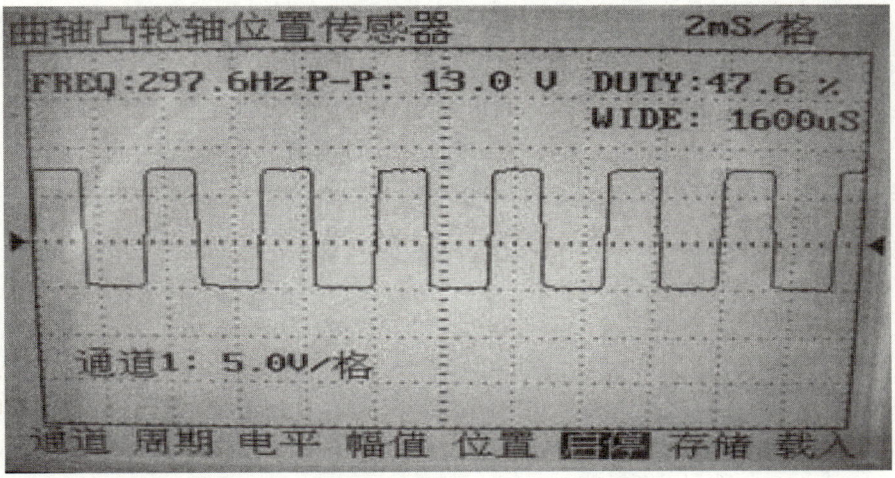

图 6-26　霍尔式曲轴位置传感器波形

6.11　凸轮轴位置传感器的检测

凸轮轴位置传感器如图 6-27 所示。

凸轮轴位置传感器的功用：凸轮轴控制进、排气门，它以曲轴转速的一半转动，其位置确定了向上止点运动的活塞是处于压缩行程上止点还是排气行程上止点。在起动过程中，仅从曲轴位置信号是无法区分这两种上止点的。此时，凸轮轴位置传感器就起到了准确判断压缩上止点位置的作用。

图 6-27　凸轮轴位置传感器

而与此相反，在车辆运行时，由曲轴转速传感器产生的信号已足以确定发动机的状态。这就是说，若凸轮轴位置传感器在车辆运行过程中失效，ECU 仍然能够判定发动机的状态。

凸轮轴位置传感器利用霍尔效应来确定凸轮轴的位置：在凸轮轴上设置一个铁磁材料制成的齿，它随同凸轮轴一起转动。当该齿经过凸轮轴位置传感器中流过电流的霍尔效应半导体薄片时，传感器的磁场将霍尔效应半导体薄片中的电子流向偏转到与电流方向垂直，从而短时间内形成一个电压信号，此信号告知 ECU：此时第 1 缸正好处于压缩行程上止点。

当凸轮轴位置传感器失效时（如拔掉凸轮轴位置传感器的线束插头），发动机能否起动成功，不能一概而定，应视具体机型而考虑。即使采用了同一个电控系统（如博世 CRS2.0），也是有的车型可以起动，有的车型则不能，这主要取决于系统的控制策略。

6.12 点火系统的检测

1. 点火系统的类型

传统点火系统（图 6-28）工作时，断电器触点分开瞬间，在触点处会产生火花，烧损触点。当火花塞积炭时，易漏电，次极电压较低，不能可靠地点火，产生高速缺火现象。电子点火系统（图 6-29）克服了这些缺点，具有较强的跳火能力，使点火可靠。

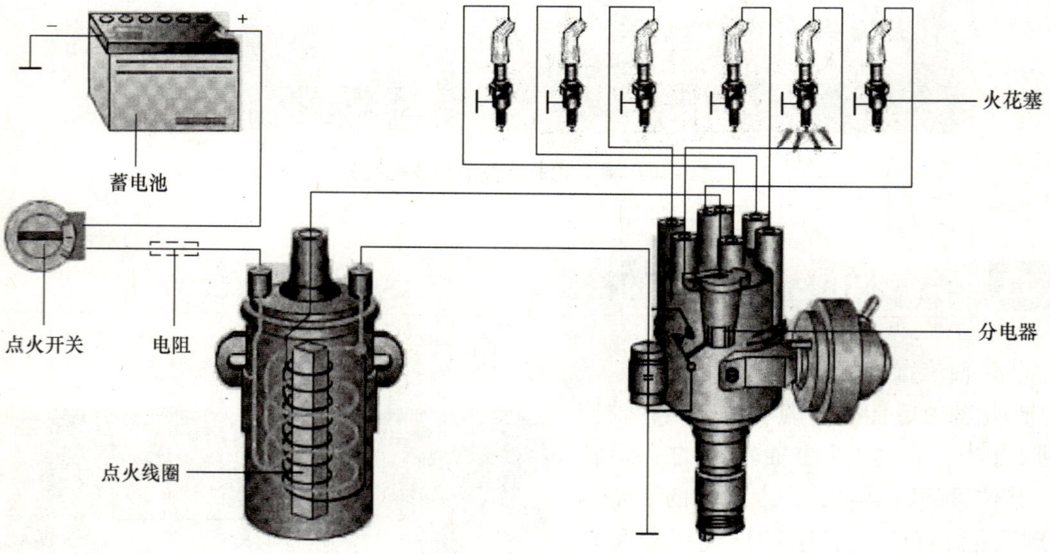

图 6-28　传统点火系统

电子点火系统大体分为以下三类。

1）无 ECU 的电子点火系统。由点火器控制，无触点，已淘汰。

2）ECU 控制的有分电器的点火系统。ECU 控制的点火系统由 ECU 中的微处理器根据曲轴转角传感器的信号确定点火时刻，因而它没有断电器，只有分电器，根据 ECU 发送的

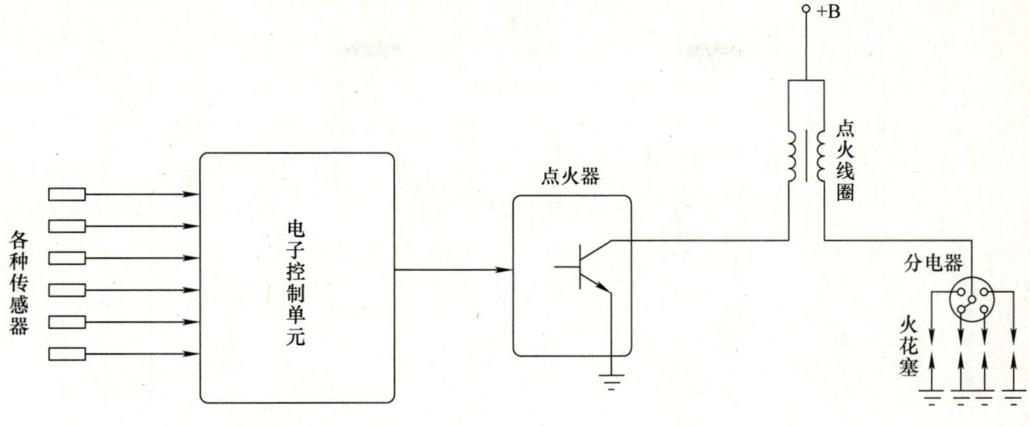

图 6-29　电子点火系统

信号直接控制点火线圈初级电路的通断（图 6-30）。

3）无分电器点火系统。是当前最先进的点火系统。它又分为两类：二极管控制的分组点火系统和每缸个点火线圈的直接点火系统（图 6-31）。曲轴传感器发送的不仅有点火时刻信号，还有气缸识别信号，从而使点火系统能向指定的气缸在指定的时刻送去点火信号。这就要求每缸配有独立的点火线圈，但如果是六缸发动机，则 1 缸、6 缸，2 缸、5 缸和 3 缸、4 缸分别共用一个点火线圈，即共有三个点火线圈。显然，每一个点火线圈点火时，总有一个缸是空点火，检测时应注意到这一点。

三类由 ECU 控制的电子点火系统比较如表 6-5 所示。

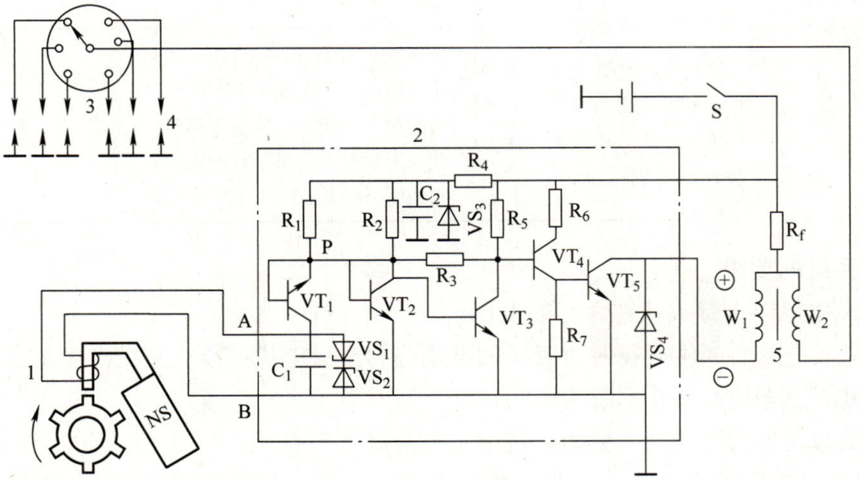

图 6-30　由 ECU 控制的有分电器的点火系统

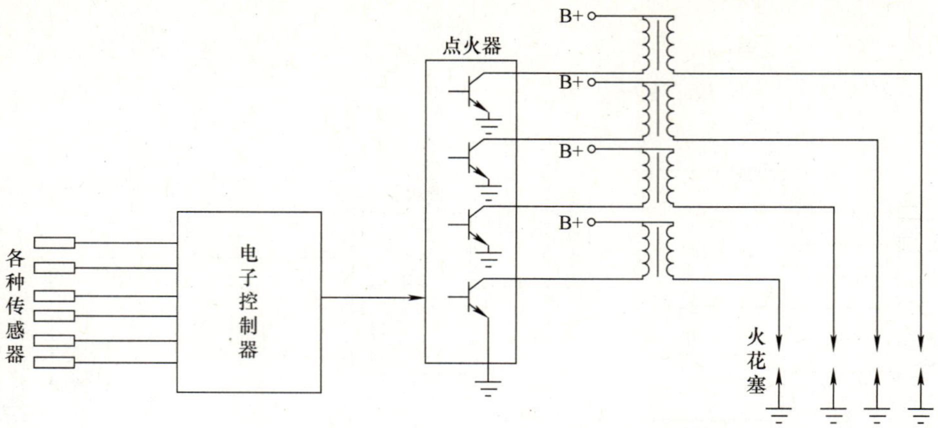

图 6-31　直接点火系统

表 6-5　三类由 ECU 控制的电子点火系统比较

类型	组成	特点	应用
有分电器的电子点火系统	高压电由分电器中的配电器（分火头和分电器盖组成）分配，各缸火花塞依次点火	缺点：浪费电能，干扰计算机控制单元的工作，分电器盖的直径受到限制，使点火调节范围受到影响	丰田 8A 发动机
二极管控制的分组电子点火系统	无分电器，高压电直接送到各火花塞，由计算机控制单元根据各传感器输入的信息控制火花塞点火	特点：两个气缸共用一个点火线圈，即一个点火线圈有两个高压输出端，分别与一个火花塞相连，对两个气缸同时点火	别克、捷达、桑塔纳（AJR）
直接点火系统	高压办出端直接和火花塞相连，不需要高压线，每个气缸的火花塞用一个点火线圈，单独对本缸进行点火	优点：无分电器，节省了安装空间；不存在分火头和旁电极间跳火的问题，减少了高压线及能量损失；采用特制的点火线圈，减少了充电时间	奥迪 A6、日产发动机

2. 点火系统的要求

（1）能产生足以击穿火花塞间隙的电压

火花塞电极击穿而产生火花时所需要的电压称为击穿电压。点火系统产生的次级电压必须高于击穿电压，才能使火花塞跳火。

击穿电压的大小受很多因素影响，其中主要有以下三点。

1）火花塞电极间隙和形状。火花塞电极的间隙越大，击穿电压就越高；电极的尖端棱角分明，所需的击穿电压低。

2）气缸内混合气的压力和温度。混合气的压力越大，温度越低，击穿电压就越高。

3）电极的温度。火花塞电极的温度越高，电极周围的气体密度越小，击穿电压就越低。

（2）火花应具有足够的能量

发动机正常工作时，由于混合气压缩终了的温度接近其自燃温度，因此所需的火花能量较小。但在混合气过浓或是过稀时，发动机起动、怠速或突然加速时，则需要较高的火花能量。并且随着现代发动机对经济性和排气净化要求的提高，迫切需要提高火花能量。因此，为了保证可靠点火，高能电子点火系统一般应具有80～100mJ的火花能量，起动时应产生高于100mJ的火花能量。

（3）点火时刻应适应发动机的工作情况

首先，点火系统应按发动机的工作顺序进行点火。其次，必须在最有利的时刻进行点火。

因为混合气在气缸内燃烧占用一定的时间，所以混合气不应在压缩行程上止点处点火，而应适当提前，使活塞达到上止点时，混合气已得到充分燃烧，从而使发动机获得较大功率。点火时刻一般用点火提前角来表示，即从发出电火花开始到活塞到达上止点为止的一段时间内曲轴转过的角度。

如果点火过迟，当活塞到达上止点时才点火，则混合气的燃烧主要在活塞下行过程中完成，即燃烧过程在容积增大的情况下进行，使炽热的气体与气缸壁接触的面积增大，因而转变为有效功的热量相对减少，气缸内最高燃烧压力降低，导致发动机过热，功率下降。如果点火过早，由于混合气的燃烧完全在压缩过程进行，气缸内的燃烧压力急剧升高，当活塞到达上止点之前即达最大，使活塞受到反冲，发动机做负功，不仅使发动机的功率降低，并有可能引起爆燃和运转不平稳现象，加速运动部件和轴承的损坏。

6.13　火花塞的检测及更换

1）要准备好更换火花塞的工具：棘轮扳手和套筒。

2）某些车型的发动机上面还有一个塑料的发动机罩，要拆下发动机罩，一般只需要一把十字槽螺钉旋具。

3）清洗高压线桩头附近的灰尘和油污，然后用套筒拧下高压线桩头的固定螺钉。

4）有些高压线桩头可能会比较紧，这时需要左右上下摇晃，慢慢操作，否则容易拉断高压线。

5）取下高压线桩头以后，用套筒把火花塞拧松，注意不要让灰尘进入燃烧室，保持清洁、干燥无油污，否则会引发漏电、火花减弱等故障。

6）接下来把高压线桩头上的软管插入燃烧室，将火花塞拔出。**注意：拆下一个旧火花塞之后，马上就将新火花塞装上去，逐个更换，而不是全部取下之后再一起装上。**新旧火花塞对比如图6-32所示，左边干净的是新火花塞，右边是使用过40000km后的火花塞。

7）在安装时，先用套筒将火花塞对准螺孔，用手轻轻拧入，拧到约螺纹全长的二分之一后，再用套筒紧固。

8）火花塞插入后，固定在高压线桩头内，内里的卡扣将火花塞卡紧。

9）安装完火花塞后，如果没有扭力扳手，可以用普通套筒拧，只要感觉拧紧了就不用再使劲拧，否则容易拧坏螺口。

10）拧紧火花塞时，注意扳手尽量反正放直，避免扳手胶圈以外的部分碰触火花塞的尾部，导致绝缘瓷碎裂。

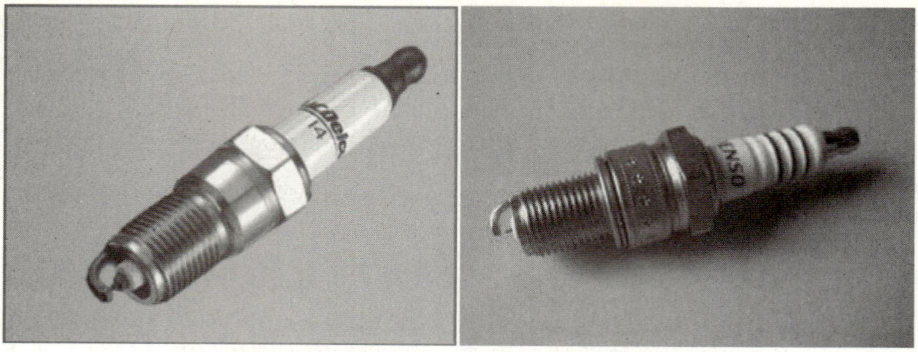

图 6-32　新旧火花塞比较

11）在安装点火线圈时，注意不要弄错顺序，按每个缸对应安装。当然，每个点火线圈的高压线长度都是不一样的，细心些即可（图 6-33）。

图 6-33　点火模块线束

扫一扫

火花塞的检测

6.14 根据火花塞的颜色判断发动机故障

目前市面上最便宜的火花塞都采用镍合金了，但这种火花塞电极材质容易氧化及被积炭覆盖，寿命较短，如图 6-34 所示。

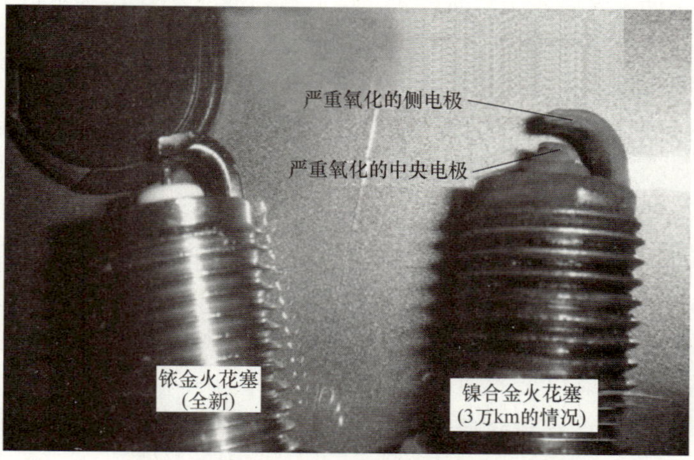

图 6-34　火花塞电极氧化

图 6-35 所示为一个铱金火花塞行驶 3 万 km 后的中央电极与侧电极，可以看到，由于中央电极采用了铱金材质，氧化程度很低，能保证跳火性能的稳定且寿命更长。

图 6-35　铱金火花塞电极氧化

1. 火花塞的寿命

火花塞本身是易损部件，普通火花塞的正常寿命是 1.5 万 ~2 万 km 更换一次，铂金火花塞和铱金火花塞的正常寿命是 6 万 ~8 万 km 更换一次。

2. 不同状态火花塞分析

不同状态火花塞分析见表 6-6。

表 6-6　不同状态火花塞分析

状态	图片	外观	结果	原因
正常状态	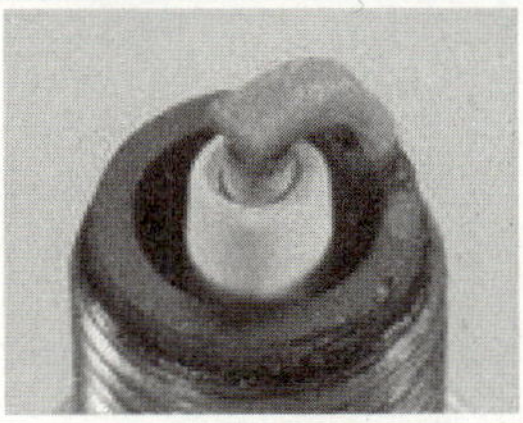	绝缘体底部是灰白色和黄褐色的	电极的消耗甚微	
炭附着		绝缘体底部、电极部分覆盖着干燥柔软的黑色炭	起动异常，失火，加速异常	短距离反复行车（发动机未预热状态下行车），混合气过浓，错过点火时机，火花塞热值过高
附着油液		绝缘体底部、电极部分沾有潮湿、黑亮的油液	起动异常，失火	由于活塞环、气缸和阀门的磨损造成机油上升，混合燃气中有很高的油气含量（二冲程发动机）
极度的电极消耗	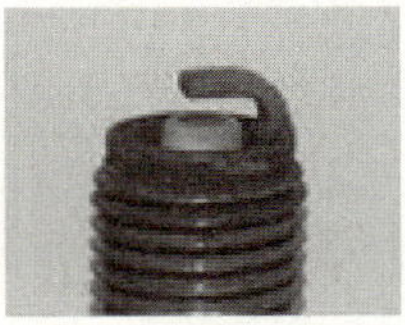	中心搭铁电极四角呈圆形，间隙过大	起动、加速异常	不充分的保养（火花塞寿命）

（续）

状态	图片	外观	结果	原因
绝缘体破损		绝缘体有裂缝	由于绝缘不良引起短路，导致空转不良或加速失火	火花塞的拆装不正确（火花塞专用扳手的使用角度、紧固的力矩等不正确）
铅附着		绝缘体底部附着着黄或黄褐色燃渣状的物质；另外，表面有光泽	猛然加速时或高负荷行车时失火，但是在通常行车时不会出现不正常情况	使用了铅含量高的汽油
过热		绝缘体底部烤得非常白，并附着了又小又黑的物质；电极消耗得很快	高速、高负荷行车时的功率损失	火花塞的拆装不良，发动机的冷却不良，过早的点火，过低的火花塞热值，严重的异常燃烧
点火装置		中心电极和搭铁电极熔损或烧坏；绝缘体底部呈颗粒状，附着着铝之类的金属粉末	发动机损坏，功率损失	温度过高，过燃烧现象，火花塞热值过低，点火角提前
绝缘体破损		绝缘体底部破损，有裂缝	失火	过度异常燃烧
安装螺钉部分熔损		安装螺钉部分熔损	发动机损坏，导致功率损失	火花塞拆装不正确
点火尖端部分的物理损伤		电极弯曲，绝缘体底部破损，电极上屡次出现凹坑	失火	火花塞的螺钉从发动机前伸出过长，燃烧室内有异物（如小螺钉、螺母等）

6.15 综合检测

分析图6-36所示的火花塞，判断其状态。

图 6-36　分析火花塞并判断其状态

第7章

CHAPTER 7

润滑系统检修

【任务导入】

润滑系统的作用就是在发动机工作时连续不断地把数量适当、温度适当的洁净机油输送到全部传动部件，并在部件之间形成油膜。因此润滑系统不良会导致发动机不能工作或工作不良。

【学习目标】

了解润滑系统的组成和部件的安装要求，掌握机油压力的测试方法和机油、机油泵、机油滤清器的检修更换方法。

7.1 测量机油压力

机油压力指发动机运转时润滑系统主油道润滑油的压力。至于油底壳中的机油量，需要发动机旁的机油尺测量。现今多数汽车以警告灯代替机油压力表（图7-1）。

（1）机油压力表报警的原因

1）机油黏度过低。

2）机油集滤器滤网或机油过滤器滤芯堵塞。

3）限压阀与回油阀弹簧的弹力减弱或折断，或是阀门接合面密封不严，导致漏油泄压。

4）主轴承或连杆轴承间隙过大。

5）机油泵工作不良。

（2）机油压力开关的检测

1）将30kPa压力开关旋装在检测仪上，用A线（蓝色）与试验灯及蓄电池接通，再把检测仪压力线旋装在气缸盖上压力开关处，当使检测仪褐色线搭铁时，试验灯应亮，如图7-2所示。

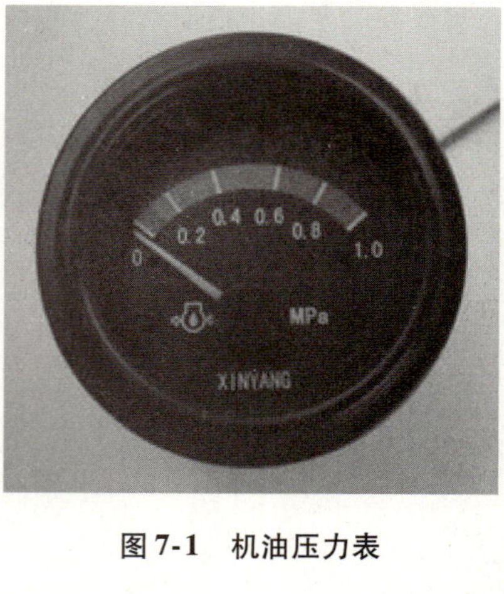

图7-1 机油压力表

2）按前述方法，将检测仪B线接在机油滤清器支架的180kPa压力开关上，当压力达到 160～200kPa（油温 80℃时），试验灯应亮，否则表明 180kPa 压力开关已失效，应更换新件。

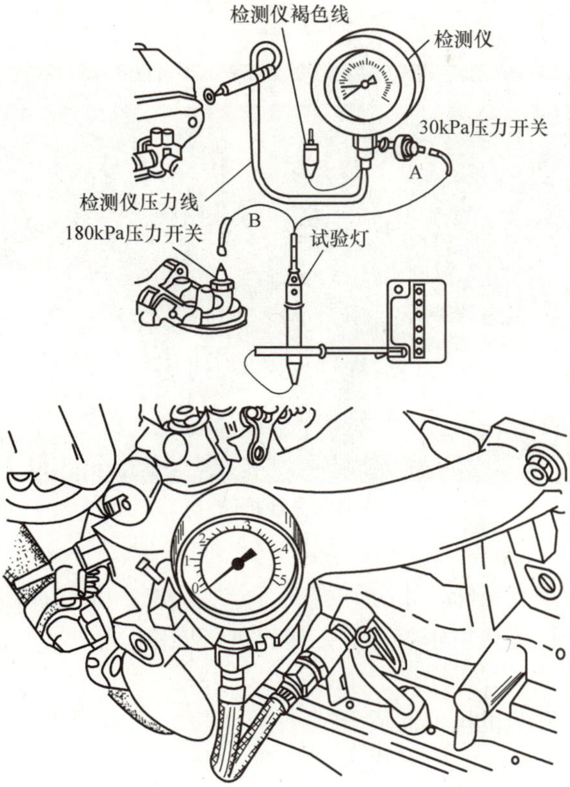

图 7-2 机油压力开关检测

（3）机油压力的检测

确保机油油面的高度在标准范围内，在发动机工作运转时，检测发动机怠速油压不应低于 30kPa；高速运转时，机油压力不应大于 200kPa。

7.2 更换发动机机油

1. 选择机油

依照机油品质、黏度、使用环境的温度以及是否是高压缩比的发动机等情况，来选择质量级别与黏度级别与之相适应的发动机机油。

2. 定期更换

发动机换机油周期因车型不同而不同，可参考随车手册。如果经常行驶于停停走走的状况或高度污染多灰尘的地区，应适当提高更换频率。

3. 预热汽车

换油最好是在行驶一段里程后立即进行，如果不能，也应该在换油前后起动车辆几分钟，使润滑油在发动机内部循环均匀，便于放油时将各种沉积物一同带出。

4. 放油

打开位于发动机底盘的放油口，将机油全部放入事先准备好的容器中，此时机油较热，小心烫伤。完成后，不要立即关闭放油口，适当空一段时间，保证发动机内残油完全流出，如图 7-3 所示。

图 7-3　更换机油

5. 仔细观察

观察流出的机油，如果有臭味，十分黏稠或有分层现象，应当缩短换油周期；如果有强烈的燃油气味，说明发动机燃烧室密封不好，建议进行维修。

6. 更换机油滤清器

拧紧放油螺栓，更换发动机机油滤清器。

7. 清洗及加油

擦净发动机顶部注油口周围的尘土，打开注油口，加注新鲜机油，数量应相当于正常量的 1/3，然后使发动机急速运转 3min 左右，再将机油加至机油油尺上限，关闭注油口，起动发动机，怠速几分钟，停车，结束换油。

7.3 检修及更换机油泵

1. 概述

在润滑系统中，机油泵是迫使机油自油底壳输送到发动机运动部件的装置，如图 7-4 所示。

图 7-4　机油泵

机油泵用来使机油压力升高，并保证一定的油量，向各摩擦表面强制供油。内燃机广泛采用齿轮式和转子式机油泵。齿轮式机油泵结构简单，加工方便，工作可靠，使用寿命长，泵油压力高，得到广泛应用。转子式机油泵转子形体复杂，多用粉末冶金压制而成。这种泵具有齿轮式机油泵同样的优点，并且结构紧凑，体积小，在内燃机上的应用越来越多。

2. 工作原理

当发动机工作时，凸轮轴上的驱动齿轮带动机油泵的传动齿轮，使固定在主动齿轮轴上的主动齿轮旋转，从而带动从动齿轮做反方向的旋转，将机油从进油腔沿齿隙与泵壁送至出油腔。这样，进油腔处便形成低压而产生吸力，把油底壳内的机油吸进油腔。由于主、从动齿轮不断地旋转，机油便不断地被压送到需要的部位。

3. 特点

（1）结构优点

摆线转子泵采用内外转子啮合的结构，齿数少，结构尺寸紧凑，不借助其他隔离元件便能形成密封腔，其零件数量少。

（2）运动特点

运转平稳，噪声小。摆线转子泵内外转子齿数只差一齿，它们做相对运动时，齿面滑动速度小，啮合点在不断地沿着内外转子的齿廓移动，因此，两转子齿面的相互磨损小。由于吸油腔和排油腔的包络角度大，接近 145°，吸油和排油时间都比较充分，因此，油流比较平稳，运动也比较平稳，且噪声明显低于齿轮泵。

（3）高速特点

高速特性好。对于一般的渐开线齿轮泵，如果转速过高，则因离心力的作用将会导致齿谷充油不足形成“空穴”，使泵的效率下降，因此，其转速很少超过 3000r/min，圆周速度在 5 ~6m/s 以内。对于摆线转子泵，吸排油角度范围大，在高速旋转时，离心力的作用有利于油液在齿谷内的充填，不会产生有害的“空穴”现象，因此，摆线转子泵的转速范围可在每分钟几百至近万转。

4. 案例

为什么更换机油泵后机油压力警告灯闪亮、气门有异响？

（1）故障现象

驾驶人反映，故障车的机油压力警告灯闪亮，修理厂检查是电动机油泵有故障。修理人员换用新机油泵后试车，机油压力警告灯还闪亮，同时气门发出异响。判断异响产生的原因是机油泵不泵油导致气门液压挺杆处没有机油。修理人员将原车拆下的旧机油泵换回后试车，气门异响消失，但机油压力警告灯仍闪亮。

（2）故障诊断与排除

根据驾驶人所述的情况，产生这种故障的原因大致有两个：一是新机油泵的质量差，二是机油泵安装不正确。

首先解体并检查新机油泵，发现新机油泵内的工作空间里没有机油。对新机油泵进行检测，用塞尺测量新机油泵的齿轮端面到机油泵盖端面的距离，为 0. 05mm，远远小于磨损极限值 0. 15mm；再用塞尺测量新机油泵齿顶间隙与齿侧间隙，为 0. 05mm，也远小于磨损极限 0. 20mm。检测结果说明新机油泵没有故障。

为了进一步证明新机油泵的工作状况，将新机油泵放入机油中。用手转动机油泵的主动齿轮，机油能够不断地被泵出；用手堵住机油泵的出油口，机油泵的主动齿轮不能转动，说明机油泵工作性能良好。

于是再将新机油泵装到缸体上，装复发动机后试车，发动机气门声音正常，机油压力正常，机油压力警告灯熄灭。

（3）故障原因

安装时，新机油泵内没有先加注机油。

捷达轿车采用的是齿轮式电动油泵，即由壳体内的一对相互啮合的齿轮组成。齿轮两端有端盖密封，壳体、端盖和齿轮形成密封的工作空间，并从轮齿啮合处分为吸油腔和出油腔。吸油腔与吸油口相通，出油腔与出油口相通。当机油泵的齿轮转动时，吸油腔轮齿逐渐退出啮合，吸油腔的容积逐渐增大，形成真空，使油底壳的机油被吸入并被压到出油腔。在开始更换新机油泵时，由于新机油泵内没有机油，吸油腔和出油腔内存有空气。当机油泵的齿轮转动时，难以在吸油腔内形成真空，也就不能将机油泵入。而再换上旧机油泵时，由于旧机油泵内有机油，虽然其性能下降，但也能泵出机油，只是压力偏低，导致机油压力警告灯闪亮。新机油泵在机油中检查其性能时，内部沾上了机油，于是重新再装上后便能泵出机油了。同一个机油泵，是否加机油，其工作状况也大不一样。

应注意，对换用新件或久置后的齿轮式电动机油泵，装用前一定不要忘记先添加机油，以免出现类似不该发生的故障。

7.4 更换机油滤清器

按以下次序执行操作：

1）汽车停机，千万不要在发动机工作时更换“三滤”（空气滤清器、机油滤清器、燃油滤清器）。

2）拧下旧滤清器，此过程可能要用到某些特制的扳手。

3）清洁与机油滤清器密封圈相接触的滤座密封面，请确保清理干净。

4）在新的机油滤清器密封圈表面上涂抹一层机油，然后拧紧。

5）起动发动机，看密封面处是否有漏油现象，如有，则停机后进一步拧紧机油滤清器。

重复第5步直至不漏油为止。至此，机油滤清器更换完毕。

7.5 综合检测：机油消耗量测试

在实车上按照步骤进行机油消耗量测试操作，并分析机油消耗过高的原因。

机油消耗的测试方法有两种，即用量油尺测量和称重方法测量。

方法一：用量油尺测量

车辆行驶2000km后，使用量油尺测试2000km前后机油油位标记，具体步骤如下：

更换机油、机油滤芯及空气滤清器，机油必须是厂家认可的。

驾驶汽车20～30min，使发动机达到正常的工作温度。

关闭发动机15min。

检查油位，如有需要就添加机油，加到量油尺上的最高标记。

使发动机运行5min，以使现有的机油和加注的机油混合均匀。

关闭发动机15min，记下量油尺上的油位，在所附的表格中记下里程表里程和车辆资料。

驾驶汽车 2000km，或者直到机油油位下降到量油尺上的最低标记。

驾驶汽车 20 ~ 30min，使发动机达到正常的运转温度。

关闭发动机 15min。

用卡尺测量量油尺上的机油油位，记下结果。

将该信息填入表格中。

方法二：称重测量

车辆行驶 1000km 后测量油底壳中的机油的重量，具体方法如下。

驾驶汽车 20 ~ 30min，使发动机达到工作温度。

从机油槽排放机油，排放时间约 15min（在汽车行驶时大量的机油会集中在气缸头中，再加之油底壳防溅罩的设计，使机油要花较长的时间才能从发动机中排出）。

更换机油滤芯及空气滤清器。

加入指定数量的厂家认可的发动机机油。

驾驶汽车 20 ~ 30min，使发动机到正常的运作温度而且机油滤芯会充满机油。

仔细地称量出一个干净的空容器的重量（ ±1g）。

将机油从机油槽排放到容器中，排放时间约 15min。

仔细地称量出容器 + 机油的重量。

给发动机加注所量出的机油，确保容器中倒出尽可能多的机油。

量出空容器的重量，容器的重量可能会比第一次量时更重，从所称量的机油重量中减去重量差。

在所附的表格中记下机油重量、里程表和车辆资料。

驾驶汽车 1000km，或者直到机油油位下降到量油尺上的最低标记。

确保发动机处于正常运转温度。如有需要，可驾驶到正常运转温度 20 ~ 30min。

仔细地量出一个干净的空容器的重量（ ±1g）。

将机油从机油槽排放到容器中，排放时间约 15min。

仔细称量出机油 + 容器的重量，减去容器的重量。

将该信息填入表格中。

对照厂家要求，对比机油消耗量。

第8章

CHAPTER 8

冷却系统检修

【任务导入】

发动机过冷或过热都会导致工作不良。冷却系统检测的目的是判断散热器、水管以及发动机内部的水道是否存在泄漏故障。主要的测试项目有系统泄漏测试、压力测试以及节温器、冷却液、水泵、散热器的检查和更换。

【学习目标】

了解冷却系统组成部件，掌握冷却系统检测的方法。

8.1 冷却系统泄漏测试

（1）燃烧泄漏测试

燃烧泄漏测试可以方便地判断冷却系统与气缸压缩系统之间是否存在泄漏情况。

测试方法如下。

1）预热发动机至正常工作温度。

2）停机并小心地拆下散热器盖，将冷却系统测试仪装在散热器加注口上。

3）运转发动机，观察测试仪指针，如压力很快上升，表明存在燃烧泄漏。这通常是气缸垫泄漏或发动机开裂的结果。

4）如果压力没有很快增长，则通过测试仪向冷却系统加压，直到指示压力达到110kPa。此时如果表针摆动，表明压缩或燃烧气体泄漏到冷却系统。

注意事项如下。

1）冷却系统加压时，不要超过110kPa，因为如果系统存在燃烧泄漏，压力将会很快上升。

2）不要使发动机运转时间过长，以免发动机过热。

3）拆下测试仪时要小心，不要一次性快速旋开测试仪的密封盖超过1/2圈。

（2）内部泄漏测试

内部泄漏测试可以判断冷却液是否渗漏到机油中，常用的方法如下。

方法一：拆下发动机油底壳的放油塞，放出少量机油，从排出的机油形态判断是否存在内部泄漏。如果机油盘中有冷却液，它将首先被排出，因为冷却液的密度比机油大。

方法二：运转发动机以搅动机油，快速取出机油尺检查机油中是否有水珠。

方法三：使用专用汽车冷却系统测试仪。

扫一扫

冷却液检查

8.2 节温器的检查及更换

当发动机冷却液达到预定的温度时，节温器中的石蜡就会膨胀以克服弹簧的压力，打开阀门，使冷却液沿大循环流动。如果节温器开启时间过晚，可能会造成发动机冷却液温度高故障，所以需要检查节温器的开启温度和最大开度时的温度。

如图 8-1 所示，将节温器放在盛放了水的容器中，逐渐加热容器，同时观察温度计的读数。

注意：对于不同型号的发动机，开启温度有所不同。

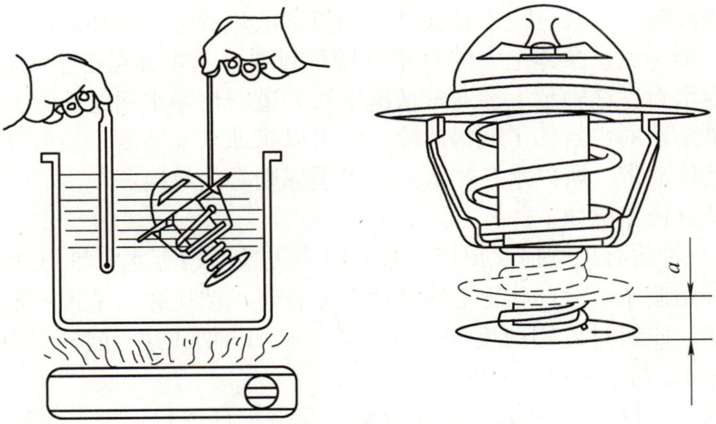

图 8-1　节温器测试

全开温度检测：将水逐渐冷却到全开温度时，检查阀门是否全关，如果不能关闭，则更换节温器。沃尔沃发动机节温器全开温度是 105℃。

开启行程测试：将水逐渐加热到沸腾，检查节温器阀门的最大开度 a，如果阀门的开度不符规定，则须更换节温器。

8.3 冷却液的检查及更换

（1）检查冷却液

1）检查冷却液的液面位置。冷却液的液面位置应在低（LOW）和满（FULL）两条标记线之间。如果液面位置低，则应检查是否有渗漏，并添加冷却液至“FULL”线位置。

2）检查冷却液的质量。在散热器盖或散热器注水口的周围应没有任何锈迹或积垢。如果过脏，则应更换冷却液。

（2）更换冷却液

1）拆下散热器盖。

2）从散热器和发动机的泄放开关排出冷却液。

3）关闭泄放开关。

4）向系统内注入冷却液。使用优质的乙二醇（应选用具有防冻和防腐蚀作用的乙二醇）、散热器调节剂（仅有防腐蚀的作用）或相当的防腐蚀剂，根据生产厂的规定加以混合。不要使用乙醇型的冷却液，应使用与软化水或蒸馏水混合的冷却液。

不带加热器：变速器的冷却液容量为8.0L。带前加热器：变速器的冷却液容量为9.0L。带前和后加热器：变速器的冷却液容量为10.0L。

5）装上散热器盖。

6）起动发动机，检查是否有渗漏现象。

7）再检查冷却液液面位置，如有必要再次加注冷却液。

8.4 水泵的检查及更换

水泵是汽车发动机冷却系统的重要构成部分之一，水泵的作用是通过对冷却液进行加压，保证其在冷却系统中循环流动，加速热量的散发。作为一个长期运转的装置，使用过程中，水泵也会出现故障。水泵是使冷却液从发动机到散热器之间循环的一个动力机构。水泵有两道密封装置，第一道是泵体上大的O形橡胶密封圈（基本都是这个密封圈漏水），第二道是水泵轴的密封水封，在轴承上。通常情况下第一道密封漏水问题不太大，尚可支撑一段再更换；但是如果泵轴的水封坏了就很危险，它可以腐蚀水泵轴承，最后导致水泵卡死或水轮脱落，从而崩断传动带，所以水泵轴水封一旦损坏则必须更换。

水泵的检查及更换步骤如下。

1）检查泵体及带轮有无磨损及损伤，必要时应更换。检查水泵轴有无弯曲、轴颈磨损程度、轴端螺纹有无损坏。检查叶轮上的叶片有无破碎、轴孔磨损是否严重。检查水封和橡胶垫圈的磨损程度，如超过使用限度应更换新件。检查轴承的磨损情况，可测量轴承的间隙，如超过0.10mm，则应更换新的轴承。

2）水泵取出后，可按顺序进行分解。分解后应将零件进行清洗，再逐一检查，看其是否有裂纹、损坏及磨损等缺陷，如有严重缺陷，应予更换。

3）水封及座的修理。水封如磨损起槽，可用砂布磨平，如磨损过甚，应予更换；水封座如有毛糙刮痕，可用平面铰刀或在车床上修理。在大修时应更换新的水封组件。

4）在泵体上有下列损伤时允许焊修：长度在30mm以内，没有伸展到轴承座孔的裂纹；与气缸盖接合的突缘有破或缺的部分；油封座孔有损伤。水泵轴的弯曲不得超过0.05mm，否则应更换。叶轮叶片破损应予更换。水泵轴孔径磨损严重应更换或镶套修复。

5）检查水泵轴承是否转动灵活或有异常响声，如有，说明轴承有问题，应予更换。

6）水泵装配好后，用手转动一下，泵轴应无卡滞，叶轮与泵壳应无碰擦。然后检查水泵排水量，如有问题，应查明原因并排除。如果水泵出现故障，冷却液将无法到达相应的部位，其性能就得不到有效的发挥，最终影响发动机的工作情况。因此，必须加强对水泵的检查工作。

8.5 散热器的检查及更换

散热器又称汽车水箱，是汽车冷却系统中的主要机件；其功用是散发热量，冷却水在水套中吸收热量，流到散热器后将热量散去，再回到水套内循环，达到调节温度的效果。

散热器是水冷式发动机散热回路的一个重要组成部件，能够吸收缸体的热量，防止发动机过热。由于水的比热容较大，吸收缸体的热量后温度升高并不是很多，所以发动机的热量通过冷却液回路，利用冷却液作为载热体传导热，再通过大面积的散热片以对流的方式散热，以维持发动机合适的工作温度。

当发动机的冷却液温度高时，水泵泵水反复循环，借此来降低发动机的温度（散热器的构成是一根根空心的铜管，高温液体进到散热器后经过风冷又循环到发动机缸壁），达到保护发动机的目的。冬天冷却液温度如果过低，就会停止水冷却液循环，避免发动机温度过低。

散热器的检查和更换方法如下。

1）查看汽车散热器盖是否扣紧，如果没有扣紧，则应该把散热器盖扣紧，再检查散热器漏水情况是否改善。

2）往散热器里灌入气体，散热器里的水则会在压力的作用下渗出，从而能找到散热器漏水的地方，随后再制订修补方案。

3）打开发动机机油盖，看看机油是否存在乳化的痕迹，如果出现乳化痕迹，则应立即拆卸发动机，更换缸垫。

4）在汽车行驶过程中，如果因为交通事故或剧烈振动而导致散热器破裂，则可以向散热器加入强力堵漏剂，也可以将一些散烟丝放入散热器，使其堵住漏水处。这些方法可暂时解决问题，然后再根据实际情况，到维修厂维修。

8.6 综合检测

使用图 8-2 所示的冷却系统压力专用测试仪对冷却系统进行检查，说明该仪器的作用。

系统压力测试方法如下。

1）等待发动机冷却液温度降低后，拧下散热器盖。

2）添加制冷剂至正常液位。

3）把冷却系统压力专用测试仪盖 951－2955 安装到膨胀箱加注口上，使用测试仪向冷却系统加压，加压至 1.5×10^5Pa。

4）观察测试仪的指针状态是否能保持稳定，或存在缓慢或快速下降等情况。

如果指针能保持稳定达 2min 以上，表明冷却系统不存在泄漏。然而，系统可能确实存在内部泄漏却在通常的测试压力下检测不到，对于此情况，我们需要进一步进行内部泄漏测试。

如果测试仪指针缓慢下降，则表明存在小的泄漏或渗漏，此时可以用手电筒观察散热器以及其他冷却系统部件是否出现渗漏或轻微泄漏现象。

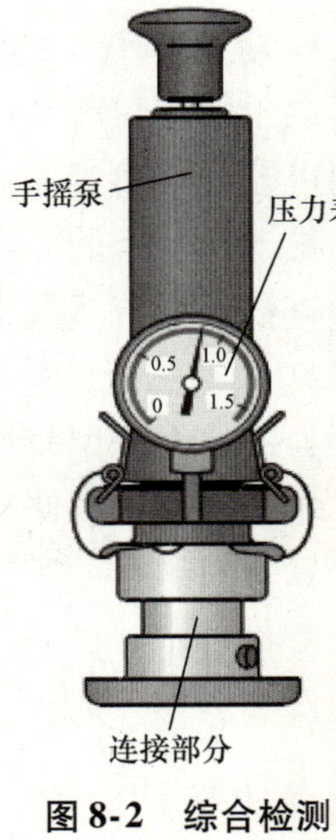

图 8-2　综合检测

如果测试仪指针快速下降，则表明正发生严重的泄漏，需要对系统进行外部泄漏检查。如果从外表面看不到泄漏，则进行内部泄漏检查。

第 9 章

CHAPTER 9

发动机排放净化装置检修

【任务导入】

随着排放法规的要求越来越严格，汽车上装配了更多的排放净化装置，这些装置同样要进行检查、保养和更换。

【学习目标】

掌握排气系统查漏的方法和三元催化转换器的工作原理及清洗方法。

9.1 三元催化转化器的检查及更换

1. 检查排气系统泄漏情况

扫一扫

排气系统的检查

由于发动机废气高温氧化的作用，排气系统的管路、接口处（特别是消声器等）容易被腐蚀，接口垫易被冲坏。当排气系统出现泄漏现象时，发动机排气的噪声增加，废气排放容易超标。因此，在汽车维护时应检查排气系统泄漏情况，发现泄漏应及时修理或更换泄漏的部件。

2. 检查三元催化转化器

为保证汽车尾气排放达标，有许多车型装有三元催化转化器。三元催化转化器正常的使用寿命可达 100000km 以上。在使用中如果能按要求操作，一般是不会发生异常的。

检查三元催化转化器的简易方法：在每天首次起动发动机快速暖机（发动机自动以稍高的速度运转）时，察看排气管口是否有水珠排出，若有水珠排出说明三元催化转化器中的催化剂能将前一天废气中的 CO、HC 转化为 CO_2 和水蒸气，经过一夜时间，水蒸气冷凝成水珠聚集在三元催化转化器中，当第二天起动发动机暖机时被逐渐排出。因此，有水珠自排气管排出，表明三元催化转化器中的催化剂尚未失效。

注意：装有三元催化转化器的汽车在暖机时排气管口滴水，属正常现象；如果长时间滴水，则应检查发动机是否有故障。

3. 装有三元催化转化器的汽车使用注意事项

因为铅对催化剂有破坏作用，装有三元催化转化器的汽车如果使用不当，三元催化转化器很容易“中毒”，失去效能。在该类车辆使用中应注意以下事项。

1）不能使用含铅、添加剂和清洁剂的汽油。

2）不能在阻风门失效关闭的状态下运行。

3）避免出现较长时间的继燃现象。

4）在车辆行驶中不能关闭点火开关。

5）不能在不充电的情况下长时间运转。

6）不能在发动机缺缸的情况下长时间运转。

9.2 汽油机三元催化转化器

1. 概述

三元催化转化器是安装在汽车排气系统中最重要的机外净化装置，它可将汽车尾气排出的 CO、HC 和 NO_x 等有害气体通过氧化和还原作用转变为无害的 CO_2、H_2O 和 N_2。当高温的汽车尾气通过净化装置时，三元催化转化器中的净化剂将增强 CO、HC 和 NO_x 三种气体的活性，促使其进行一定的氧化还原化学反应，其中 CO 在高温下氧化成无色、无毒的 CO_2 气体；HC 化合物在高温下氧化成 H_2O（水）和 CO_2；NO_x 还原成 N_2 和 O_2。三种有害气体变成无害气体，使汽车尾气得以净化。

由于这种三元催化转化器可同时将废气中的三种主要有害物质转化为无害物质，故称三元催化转化器。

2. 清洗

三元催化转化器和喷油嘴清洗的方法如下。

1）关闭发动机，将点火开关旋到 OFF 位。

2）断开燃油泵保险（断开继电器或从油箱处拆下油泵电路插头）。

3）拆下车辆喷油器的供、回油管路，根据车型在供、回油管路上安装相应的快速接头，并与清洗机接好（回油管可用安装盲堵）。

4）将三元清洗剂（1004 燃油修复剂）按 1 瓶兑 1000ml 水的比例，加入清洗机箱内。

5）接通电源，红色线接蓄电池的正极，黑色线接蓄电池的负极。

6）调压：将调压阀定在低压，将计时器旋在最高值，打开清洗机电源开关，根据所施工汽车的电动汽油泵来调整清洗机的工作压力。

7）检查：检查所有的接头是否都已接好，确保无漏油现象。

8）清洗：起动发动机，清洗工作开始，清洗剂用完后，发动机会自动熄火。当发动机警告灯亮起、有蜂鸣声时表示将停止清洗，可根据情况选择停止或继续，如继续则将计时器旋到高值。在清洗过程中如发生异常现象，应立即关闭清洗机电源开关，确保正常后再继续工作。

9）清洗完毕后，断开清洗机电源开关，拆开清洗机和车辆的各管路连接，恢复车辆的原有燃油管路和电路系统。

10）起动发动机，检查有无泄漏，一切正常后，清洗工作结束。

说明：清洗过程中，会有难闻的尾气排出，发动机抖动，均为正常现象。清洗机清洗液用完后，发动机会有部分积炭被软化，车主高速行驶 20 ~ 50km 后，可全部排出。

3. 三元催化转化器早期失效的原因分析

（1）温度过高

常温下三元催化转化器不具备催化能力，其催化剂必须加热到一定温度才具有氧化还原能力，通常三元催化转化器的起燃温度是 250～350℃，正常工作温度一般在 350～700℃。三元催化转化器工作时会产生大量的热量，氧化的温度也越高，当温度超过 1000℃时，其内涂层的催化剂很可能会脱落，载体碎裂。因此必须注意控制造成排气温度升高的各种因素，如点火时间过迟或点火次序错乱、断火等，这些都会使未燃烧的混合气进入三元催化转化器，造成排气温度过高，影响三元催化转化器的效能。

（2）慢性中毒

催化剂对硫、铅、磷、锌等元素非常敏感，硫和铅来自于汽油，磷和锌来自于润滑油，这 4 种物质及它们在发动机中燃烧后形成的氧化物颗粒易被吸附在催化剂的表面，使催化剂无法与废气接触，从而失去了催化作用，即所谓的“中毒”现象。

（3）表面积炭

当汽车长期工作于低温状态时，三元催化转化器无法起动，发动机排出的炭烟会附着在催化剂的表面，造成无法与 CO 和 HC 接触，长期下来，便使载体的孔隙堵塞，影响其转化效能。

（4）排气恶化

三元催化转化器对污染物的转化能力有一定的限度，因此必须通过机内净化技术将原始排气降到最低。如果排放的废气污染物各成分的浓度、总量过大，比如混合气偏浓等，就会影响三元催化转化器的催化转化能力，降低其转化效率。此外，由于废气中有大量的 HC 和 CO 进入三元催化转化器后，会在其中产生过度的氧化反应，氧化反应产生大量热量将使三元催化转化器温度过高而损坏。

（5）与发动机不匹配

即使是同样的发动机，同样的三元催化转化器，车型不同，发动机常用的工作区间就不同，排气状况就会发生变化，安装三元催化转化器的位置就不同，这都会影响三元催化转化器的催化转化效果。因此，不同的车辆，应使用不同的三元催化转化器。

（6）氧传感路失效

为使废气催化率达到最佳（90%以上），必须在发动机排气管中安装氧传感器并实现闭环控制。其工作原理是：氧传感器将测得废气中氧的浓度，转换成电信号后发送给 ECU，使发动机的空燃比控制在一个狭小的、接近理想的区域内（14.7:1），若空燃比过大，虽然 CO 和 HC 的转化率略有提高，但 NO_x 的转化率急剧下降（20%），因此必须保证最佳的空燃比。实现最佳空燃比的关键是要保证氧传感器工作正常。如果燃油中含铅、硅就会造成氧传感器中毒。此外，如使用不当，还会造成氧传感器积炭、陶瓷碎裂、加热器电阻丝烧断、内部线路断脱等故障。氧传感器的失效会导致空燃比失准、排气状况恶化、三元催化转化器效率降低，长时间会使三元催化转化器的使用寿命降低。

鉴于三元催化转化器早期失效的原因，使用时应注意如下事项。

1）勿用含铅汽油。

2）勿长期急速运转（开环控制状态）。

3）勿让发动机转速忽快忽慢。

4）点火时间勿太迟。

5）勿长时间起动不着。

6）不要长时间拔出高压线试火。

7）测量气缸压力时，要拔下燃油泵的中控接头，从而停止喷油器向气缸内喷油。

8）发现有气缸工作不良时，应及时停车检查，排除故障。

9）避免混合气偏浓的诸多因素，如喷油器关闭不严、燃油压力调节器失效（油压过高）、氧传感器失效、空气流量传感器失效等。

10）三元催化转化器只要正确使用，一般不需要维护，故不要随便拆卸；如需更换时一定要与发动机匹配。

4. 装有三元催化转化器车辆的养护方法

1）装有三元催化转化器的汽车不能使用含铅汽油，因为含铅油燃烧后，铅颗粒随废气排经三元催化转化器时，会覆盖在催化剂表面，使催化剂作用面积减少，从而大大降低催化器的转换效率，导致三元催化转化器铅中毒。

2）应避免未燃烧的混合气进入催化器。三元催化转化器开始起作用的温度是 200℃左右，最佳工作温度在 400～800℃，而超过 1000℃后作为催化剂的贵金属成分自身也将会产生化学变化，从而使三元催化转化器内的有效催化剂成分降低，使催化作用减弱。因此，在车辆使用过程中要注意排除以下几种情况：一是过久的怠速空转；二是点火时间过迟；三是个别缸失火不工作；四是起动困难；五是混合气过浓；六是发动机烧机油；七是氧传感器失效；八是散热不良造成的冷却液温度过高。

3）行驶在不平整的道路时应特别注意不要“托底”，因为三元催化转化器大多数内部都是蜂窝陶器形成的催化剂承载体，碰撞后容易破碎，使三元催化转化器失效和排气管堵塞。

4）出现不正常的工作状况，如回火或重复性失速时，应及时停车检查，因为这些状况可导致三元催化转化器永久性损坏。

5）正在行驶的车辆切勿关闭点火开关。

6）在车辆保养时做好对三元催化转化器的检查。检查内容包括：排气管有无异响，这种异响通常由排气管接头松动、三元催化转化器损坏、催化剂更换塞松动等原因造成；排气管有无开裂或外壳压扁之类的外观损坏；排气尾管有无催化剂颗粒排出。如果三元催化转化器外壳损坏或排气尾管排出颗粒，均须更换。

5. 三元催化剂的回收

目前，回收的方法有两种，即湿法回收和火法回收。

（1）湿法回收

用硫酸或于压力下在氢氧化钠碱性介质中进行分解，使载体溶解。溶解后贵金属留在残渣内，再用氯气和盐酸浸出，使铂族金属进入溶液。在碱性溶液法中，所含 SiO_2 不溶解全部保留下来，从而妨碍了对贵金属的进一步加工处理。用这类方法再生块状载体并不可取。

而另一方面，各种溶解贵金属的方法及贵金属的回收率有较大的变化幅度，这些都是众所周知的，例如用盐酸和氯气、盐酸和硝酸或盐酸和过氧化氢等溶解方法。所有这些方法的主要问题之一就在于，很难将铂族金属与有色金属在稀溶液实现分离。这些方法的回收率，尤其是铑的回收率不能令人满意。

湿法冶金再生过程的负面效应可归纳如下。

1）废水数量过大。

2）浸出过的载体扔弃后有待堆放。

3）损失贵金属。

4）铝酸盐母液、硫酸铝溶液不易利用。

湿法回收的优点：工作温度低；在普通金属含量低的情况下贵金属含量易于监控，并且沉淀过程易于进行。

（2）火法回收

通常火法回收三元催化剂涉及陶瓷载体的熔炼同时与贵金属在金属捕收剂内的富集。载体在不损失贵金属的情况下形成熔渣，对该过程至关重要。

氧化铝颗粒的熔点过于高（大约2000℃）是个大问题。因此，对这类材料只能加入助熔剂或采取极高的熔融温度进行造渣。一般考虑使用铜、镍、铅和铁做铂族金属的可能捕收剂。选用的依据是加工过程及其后的湿法化学阶段的难易。用硫酸浸出法将贵金属——铂、钯、铑与金属捕收剂分开。如果选用铜做捕收剂，也可以用电解法使之分离。

与湿法冶金再生废三元催化剂相比，火法回收的优点要大得多。

1）在金属相内富集的浓度高。

2）贵金属回收率高。

3）可在有色金属常用的炉型（鼓风炉、转炉）或专用装置（如电炉）内进行再生。

4）副产物或残渣的产出少。

9.3 柴油机的尿氮液净化

1. 概述

柴油机尾气净化剂的主要成分是尿素溶液，它是消除汽车尾气中氮氧化物的一种还原剂，通过催化器的转换将氮氧化物还原成无污染的氮气和水蒸气，使尾气排放达标。汽车环保和节能工作对于实现国家节能减排目标具有重要意义，使用车用尿素溶液可使汽车尾气的氮氧化物排放达到欧Ⅳ和欧Ⅴ标准。

2. 工作原理

其工作原理是应用SCR技术（选择性催化还原技术），SCR技术是在热的尾气中添加供汽车使用的车用尿素溶液，尿素溶液在其后的SCR催化器中与氮氧化物反应，使其转化成氮气和水蒸气。尿素溶液通过加热的管道从尿素溶液罐中吸取，然后通过压缩空气，使它均匀喷入尾气中被汽化（180℃左右分解），并释放出氨气，然后在SCR的催化器中使氮氧化物加速转化成无害的氮气和水蒸气，同时吸收了有害的烟尘颗粒。

3. 使用注意事项

我国地域辽阔，气温差别很大，柴油机尾气净化剂为32.5%左右的尿素水溶液，此浓度的车用尿素溶液结晶点最低（初始结晶点－11℃），若车用尿素溶液在低于－11℃作业时，须采取保温措施，以防止尿素溶液结晶堵塞催化还原系统。加注时还要防止杂质混入，一旦混入杂质，会使催化剂失活，降低转化率，特别是一些金属离子。使用劣质的产品会破坏还原系统或降低氮氧化物的转换率。

4. 储存条件

储存条件：储于阴凉、清洁、干燥、通风处，远离火源热源，应与氧化剂分储分运，防止阳光直射；储存温度最好为－10～30℃，温度低会产生结晶，温度高尿素溶液会分解，使含量降低。如温度过高应在其包装物上进行喷水，使其降温。

9.4 综合检测

在实车上对三元催化转化器进行清洁。

第 10 章

CHAPTER 10

发动机不解体检测

【任务导入】

之前我们对发动机进行了解体检测，而有时不必解体发动机也是可以进行发动机检测的。

【学习目标】

掌握对发动机气缸压力、机油压力、进气歧管真空度进行检测的方法，并能对检测结果进行分析。

10.1 气缸压力的检测

发动机的气缸压力反映了气缸的密封性，是发动机的动力性能指标之一，对发动机性能的影响巨大。正确的气缸压力是确保发动机正常工作的要素之一，气缸压力不正常将会导致混合气燃烧不良、燃料消耗上升、功率下降、发动机起动困难、汽车动力性能下降等严重问题。该数值也是发动机故障诊断和决定采取何种修理方案的重要依据。因此，发动机气缸压力的测试具有重要的实践意义。活塞或活塞环磨损过度导致活塞密封不严，气门密封不严，气缸垫漏气、窜气等原因，会直接影响发动机气缸压力，从而导致发动机起动困难、怠速不稳、加速无力，碳氢化合物（HC）排放过高等故障现象，因此气缸压力测试十分重要。

发动机气缸压力测试是检测发动机缸压最常用的方法，通过对测试结果进行分析，维修人员可以准确地判断发动机各个气缸的工作状态，从而为进一步的检修提供数据依据。气缸压力测试一般分为两种：干式测量和湿式测量。

1. 气缸压力干式测试程序

进行气缸压力干式测试时，要遵循以下程序。

1）确保蓄电池已经充满电。

2）预热发动机至正常工作温度，并停机冷却 10min。

3）拆下点火线圈及所有火花塞，使发动机可以无阻力地转动。注意：要戴上手套以防烫伤手。

4）断开喷油器电路或者燃油泵继电器，这样可以避免向发动机喷入过量的燃油。

5）节气门保持在完全开启位置，使气流不受限制地进入气缸。

6）使用实车专用气缸压力测试仪（图10-1、图10-2）及延伸套将其竖直用力压入到火花塞孔上，起动发动机至少经过五个压缩行程，逐一测试并记下各缸的压力读数，专用气缸压力仪有打印功能，可以记录每个气缸的压力数值。

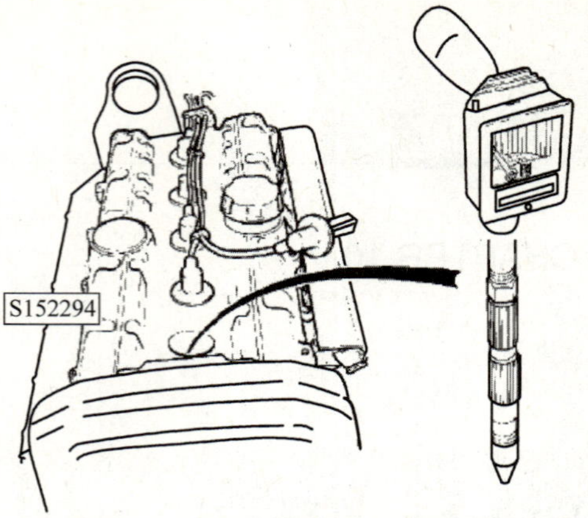

图 10-1 气缸压力测试仪安装位置

2. 气缸压力干式测试结果分析

如压缩压力高于规定标准，表明压缩比已改变，原因是燃烧室尺容积小，一般是积炭造成的。如果压力表的读数低于正常值，表明气缸有泄漏，其可能的原因见表10-1。

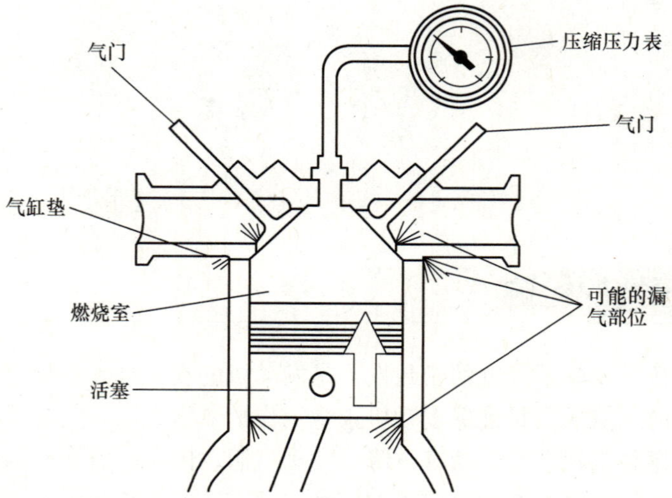

图 10-2 气缸压力测试仪测试示意图

表 10-1 气缸泄漏原因分析

原因	分析
气门锥面烧蚀	因燃烧热而损坏
气门座烧蚀	因燃烧热而损坏
气缸垫烧穿	气缸垫损坏
发动机内部故障	活塞中有孔，气门弯曲或折断
活塞环磨损	活塞环磨损破坏了环与气缸之间的密封
气门机构问题	间隙调整不当或正时链、正时皮带偏离了正时

3. 气缸压力湿式测试程序

如在干式测试中压缩压力读数偏低，则应进行压缩压力湿式测试，湿式测试有助于确定造成问题的具体部件。往读数偏低的燃烧室中喷入少许机油，将发动机转动几圈使油分布均匀，然后按照干式气缸压力测试流程进行操作。

4. 湿式气缸压力测试结果分析

如相同的气缸湿式测试所得的气缸压力过高于干式测试的结果，则问题可能出在活塞环上。机油对磨损的活塞环有暂时密封的作用，使压力增加。如压力读数保持在较低位置，则可能是发动机气门或气缸垫泄漏等其他原因。具体是哪一个零部件有问题，可通过进一步的测试加以确定。如果相邻气缸的压力持续较低，则原因可能是气缸垫损坏或者气缸盖平面变形。

10.2 进气歧管真空度的检测

进气歧管的真空度是与大气压力相对而言的，即与大气压力相比，缺少空气的程度即为真空度。进气歧管的真空度越大，则进气压力越小，反之越大。发动机在运转过程中，进气歧管内将会产生一定的真空度，而这一真空度的大小、稳定与否将直接反映出发动机的总体性能与故障部位。测量发动机进气歧管真空度时，只要发动机能转动（运转起动机）或在不同转速范围内，均可对发动机的真空度进行测量。在测量时把真空表接于节气门后方的进气歧管上，并通过不同转速下的读数来分析和判断故障的部位。一台性能良好的发动机运转时真空度比较高。当节气门在任何角度保持不变时，只要发动机转速提高，或是进气歧管无泄漏且气缸密封性良好，真空度就会增加。当发动机运转比较慢或气缸进气效率变低时，进气歧管内的真空度就会变低。所以进气歧管的真空度大小可以反映发动机的运行状态是否良好。当发动机存在与进气系统相关的机械故障时，测量进气歧管的真空度（图 10-3），可以有效地判断压力泄漏的部位或发动机存在的机械异常。如发动机异常，则真空表测量的读数会偏低或摆动。

进气歧管真空度测试程序如下。

1）预热发动机至正常温度。

2）连接测量工具，关闭发动机，断开进气歧管处的某一真空软管，安装真空压力表（需要时使用三通接头）。

3）运转发动机，使发动机处于怠速工况（转速为 750r/min ± 50r/min）。

4）读取真空度数值，正常时真空度通常应该在 50 ~ 70kPa 之间。

图 10-3 进气歧管真空度测试

进气歧管真空度测试结果分析如下。

进气歧管真空度测试时，读数异常可能有以下几种情况。

1）进气歧管泄漏，如图 10-4 所示。真空度比怠速时的正常值低 75 ~ 250mmHg（1mmHg = 133. 322Pa），表明进气歧管泄漏或节气门未正常关闭。

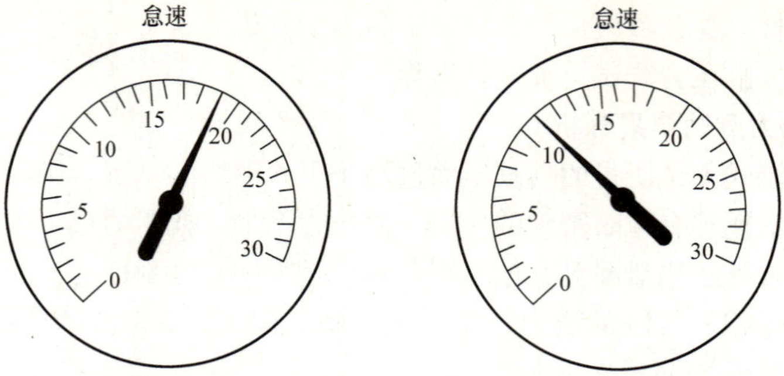

a) 正常　　b) 进气歧管或节气门泄漏

图 10-4　进气歧管泄漏显示

2）气门弹簧弱，如图 10-5 所示。怠速真空正常，但表针在高速时快速摆动，表明气门弹簧弱，不能使气门正常关闭，在高转速时影响真空度。

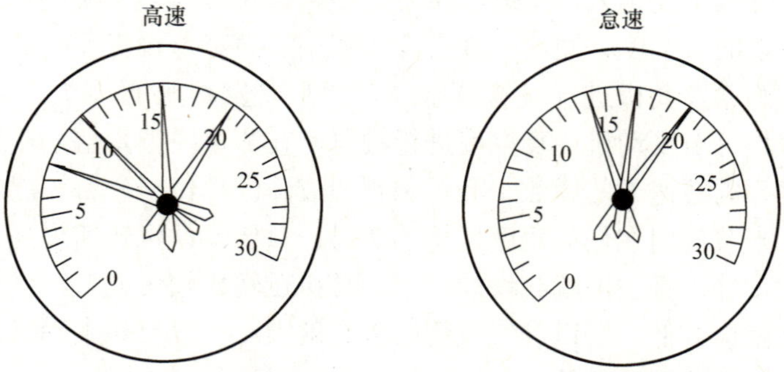

a) 气门弹簧弱　　b) 气门导管磨损

图 10-5　气门弹簧弱与气门导管磨损的显示

3）气门导管磨损。表针在怠速时快速摆动，但在高速时稳定，这是由于气门导管磨损致使气门不能正常关闭造成的。

4）气门烧蚀或泄漏，如图 10-6 所示。表针快速摆动并迅速下降，原因是气门烧蚀或泄漏，燃烧混合气从燃烧室进入歧管。

5）气门卡滞，如图 10-7 所示。表针间歇下降，原因是气门卡滞在开启位置。

气门烧蚀或泄漏

图 10-6　气门烧蚀或泄漏的显示

气门卡滞

图 10-7　气门卡滞的显示

扫一扫

进气歧管真空度检测

10.3 机油压力的检测

机油压力与发动机温度、发动机转速等因素相关。机油压力检测使用压力表来测量发动机中的实际油压，如果机油压力过高或过低，需要加以修理。

1. 机油压力检测程序

图 10-8 为四缸发动机检测示意图。机油压力检测程序如下。

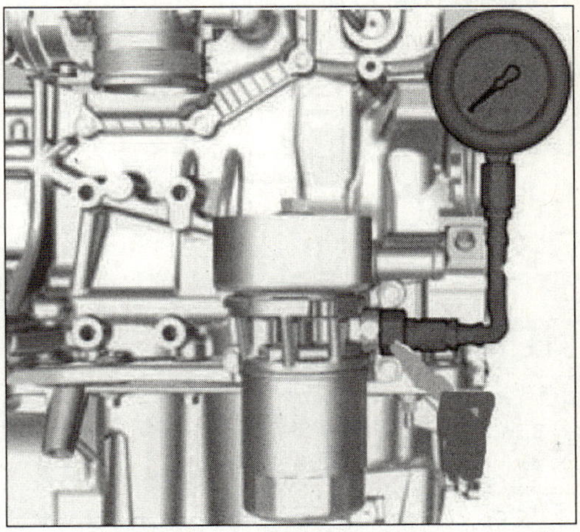

图 10-8 机油压力的检测

1）将发动机转速增加至2500r/min，并保持6min，或直到发动机达到正常工作温度（确保发动机机油符合要求）。

2）拆卸发动机机油压力传感器，安装专用工具转接器及连接机油压力表。

3）读取发动机不同转速下的油压：

- 在发动机转速 800～850r/min 时，读取油压。
- 在发动机转速 4000r/min 时，读取油压。

4）测试完毕后，安装机油压力传感器。

2. 机油压力检测结果分析

起动发动机，按转速运行发动机，读取机油压力表并与规范值比较。

机油压力变化原因分析见表 10-2。

表 10-2 机油压力变化原因分析

机油压力变化	原因
机油压力过大	机油黏度过大
	机油滤清器或油道堵塞
	限压阀调整不当
机油压力过低	机油量不足
	机油泵停转

标准油压信息如下：

- 800～850r/min：1×10^5Pa。
- 4000r/min：$3.2\sim4.5\times10^5$Pa，具体数值与行驶里程和发动机类型有关。

第 11 章

CHAPTER 11

发动机不解体清洗

【任务导入】

在发动机保养过程中也需要对发动机进行清洗。我们经常发现，发动机由于使用问题出现故障，但这些故障有时却不是零部件损坏导致的，而仅仅是因为零部件脏污所致，因此有时发动机故障的排除方法仅仅是清洗发动机零部件而已。

【学习目标】

掌握对发动机积炭、进气系统进行清洗的方法，具备使用工具对发动机进行不解体清洗的技术能力。

11.1 发动机积炭的清洗

发动机积炭是个老生常谈的话题，伴随着车辆行驶里程的增加，积炭也会随之出现，影响发动机的动力输出。抑制积炭的滋生是每个汽车维修技术人员立志解决的难题，但由于外界影响因素较为复杂，解决起来并不是那么容易，因而我们把目光投向了如何补救的措施上，于是各种清洗积炭的产品和各种维修工艺应运而生。综合而言，发动机积炭清洗主要分为拆卸清洗和免拆清洗。

图 11-1　气缸内积炭

发动机积炭是很难避免的，只是时间早晚问题。解决积炭问题，首先要明白积炭产生的原因。现在的电控燃油喷射发动机（简称电控发动机），每次工作时气缸都是先喷油再点火，当驾驶人熄灭发动机的一刹那，总有气缸喷出的汽油未能点火燃烧而留在缸体、气门上，燃烧室的汽油挥发之后，剩下的胶质物和石蜡却越积越厚，反复受热后变硬就形成积炭（图 11-1）。

那么如何保养才能减少积炭呢?

1）使用清洁的汽油：汽油越清洁其胶质物和石蜡就越少，通过添加汽油清洁剂也是一种可取的做法。

2）培养良好的驾驶习惯：尽量不要使车辆长时间低转速行驶，不要低转速换档，否则汽油燃烧会不充分，容易产生积炭。

3）定期清洗保养：按时做好常规保养，定期清洗进气系统的气道、气门、油路等容易形成积炭的部位。

扫一扫

燃油系统清洗剂

11.2 进气道的清洗

拆卸清洗就意味着要将发动机解体，传统工艺则至少要将发动机盖拆卸掉，这样清洗起来才比较彻底，基本可以把燃烧室内以及进气道内的积炭清除掉，但工时费则是一笔比较大的支出，且施工进度较慢，一般需要近一天的时间才能交付车主。

为了提高生产效率，扩大维修车辆承接业务量，免拆清洗业务在各个修理企业中比较流行（图 11-2）。免拆清洗就是在发动机怠速运行时，利用自身产生的真空力将清洗药水吸入发动机，起到清洗进气道以及燃烧室的作用。清洗喷油器则是用清洗药水代替燃油来为发动机提供燃料以维持发动机的运行，从而达到清洗喷油器的目的。最后，在油箱内添加清洗剂完成油路的清洗。这就是一套免拆清洗积炭工序，耗时约 40min。但这种免拆清洗的效果不是很明显，在轻微积炭的情况下还可以勉强应付，若积炭较严重，则采用这种清洗方式于事无补。

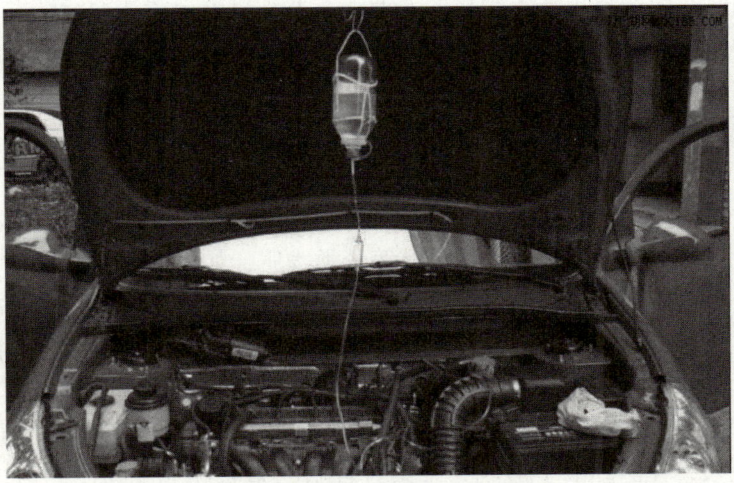

图 11-2　清洗积炭

现在汽车维修市场上又多了一种清洗方式，可以说这种清洗方式取了以上两者的优点，维修工艺的复杂程度也比较适中。下面简要介绍一下这种介于免拆和拆卸清洗之间的清洗工艺。

首先，要将喷油器、进气歧管以及发动机周围妨碍施工的一些附件拆下，特别是节气门。节气门安装在进气歧管处，清洗节气门也是清洗工作中的一项，所以在拆卸进气歧管前要先将节气门拆下并妥善放置。

其次，要将点火线圈以及火花塞拆下，这主要是为了可以将清洗剂由此直接打入各气缸燃烧室。

接下来就要将清洗剂从进气道以及火花塞安装处打入气缸。与以往清洗剂的形态不同，这种清洗剂为泡沫状，其好处是可以将气缸内和进气道内附着的积炭充分浸泡，清洗剂对于积炭有比较强的溶解能力，浸泡一段时间后，虽然积炭不会自行脱落，但利用小刷子可以很轻松地将低温下坚硬的积炭清除掉。最后再配合化学清洗剂的使用，从外表来看，原本漆黑的进气道露出了本色。

最后将每个气缸内积存的清洗液用真空罐抽出，按照拆卸的逆过程将发动机恢复原状。随后起动发动机，这时排气管会喷出呛人的白色尾气，直至排气颜色恢复正常后，此次清洗施工作业完毕。这种清洗方式耗时大约两小时。

11.3 润滑系统的清洗

在更换润滑油之前旧的机油虽已放掉，但是在润滑系统中还会残留一些旧机油，曲轴箱壁面上、活塞环槽中、润滑油道内还会黏附一层胶质物、积垢、油泥等杂质，曲轴箱底部也会有一些有害沉积物，这些有害物质只有通过清洗才能被清除干净。如果不进行润滑系统清洗，就加入新机油，新机油、旧机油与金属磨屑等杂质混合，不仅会影响新机油的清洁程度，减少新机油的使用寿命，而且时间一长，与机油接触的机件表面和油道中的沉积物会逐渐增厚，以至于使油道变细、堵塞，引发故障。

在更换机油时，应选择市场上销售的专业汽车发动机内部清洁剂清洗发动机内部。

作为正常的车辆养护，发动机润滑系统的清洗应该在每更换 2 ~3 次润滑油时进行一次。

11.4 冷却系统的清洗

在发动机冷却系统中循环的冷却液主要有冷却液或防冻液。通常加注的冷却液大多没有经过软化处理，其中不同程度地含有钙、镁等盐类物质，如钙和镁的碳酸盐、硫酸盐和氯化盐等。这些盐类物质大多是不溶或微溶于水的，它们会以沉淀的形式积附在冷却系统的内表面，形成的物质主要成分为硫酸钙、碳酸钙等（水垢），导致冷却系统内容积减少，冷却效果降低。冷却系统的组成如图 11-3 所示。

另外，冷却液和防冻液中均含有硅酸盐，当冷却温度从高至低发生变化时，硅酸盐容易产生“分化”现象，在冷却液中形成一条条青苔状的紊状物。此物质的形成会降低冷却液的流速，从而导致散热功能的减退。由于冷却系统的积垢、沉积物的分化等都将影响发动机的冷却能力，使发动机过热、机油变质，从而破坏正常的燃烧，并引发发动机运动摩擦副的摩擦阻力增大、发热，直至卡死，因此，必须定期对冷却系统进行清洁护理，以保证冷却系统工作正常。

可用专用清洗剂对冷却系统进行免拆清洗，能去除铁锈沉淀和油脂残余，提高冷却系统的效率。无毒、无酸的清洗剂配方对所有冷却系统的金属物都是安全的，使用方便，快速高效。

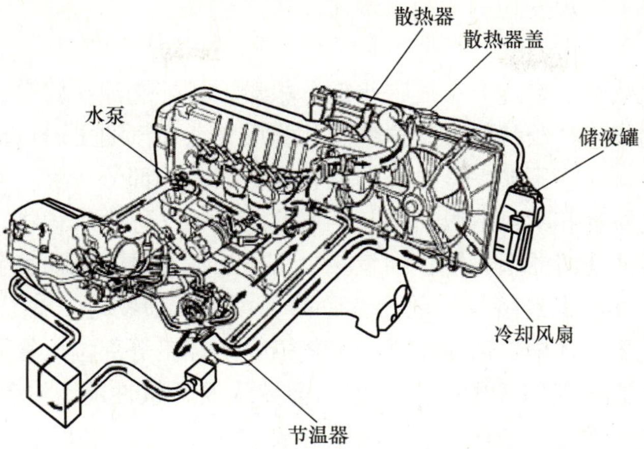

图 11-3　冷却系统组成

关闭发动机，待发动机冷却后拧开散热器盖，打开排水开关，将冷却液排除干净，然后关好排水开关。冷却系统的具体清洗步骤如下。

1）向散热器内加入冷却系统清洗剂，然后加满水，盖好散热器盖并拧紧。

2）调节加热器至最高温度，当到达正常操作温度时，运转发动机 10min。

3）关闭发动机，待冷却后拧开散热器盖，排干冷却液，然后关好排水开关。

4）加入清水，盖好散热器盖，重复第 3 步。

5）关闭发动机，待发动机冷却后拧开散热器盖，排干之前加入的清水，然后关好排水开关。

6）加入冷却液至满刻度的 50% ~70%，再加入清水。盖好散热器盖后拧紧。

7）运转发动机 20min，使冷却液充分混合。

8）如果使用不加压的冷却液储存器，则冲洗水口，重新加入 50% ~70% 的冷却液水溶剂。

11.5 燃油系统的清洗

所谓燃油系统清洗剂其实就是清洁喷油器、进气门、气缸壁及活塞顶端、进气管道的积炭、胶质物和油泥的一类清洗剂的总称。使用该类产品后能明显降低车辆尾气中的有害物质排放，有助于车辆尾气检测达标，恢复发动机动力，提升发动机功效与燃油经济性。

1. 为何清洗

燃油系统经过一段时间的使用，空气中的尘埃和汽油中的杂质等会使油路不畅或堵塞，加上燃烧过程中产生的积炭和胶质物也会附着在进排气门、进排气道、节气门和燃烧室上，尤其是附着在汽油喷射的喷油器上，使喷油器堵塞、粘着，积炭和沉积物会堵塞喷油器针阀、阀孔，影响喷射系统精密部件的性能，导致喷油不畅、雾化不良，甚至不喷油。再者，积炭和沉积物会致使进气阀门关闭不严，气缸压力下降甚至回火，导致发动机怠速不稳，油耗增大并伴随尾气排放恶化。在活塞顶和气缸盖等部位的积炭，容易使燃烧室局部过热、汽油预热而引起发动机爆燃、油耗量增加、发动机动力下降、怠速不稳、加速不良和起动困难等故障。这些故障都会缩短发动机的使用寿命。

2. 形成的原因

汽油在正常工作状态下燃烧会形成一小部分积炭，另外燃油在储存、运输过程中，很容易发生氧化反应，生成一种胶状物质。这些胶状物质夹杂在汽油里通过供油系统进入燃烧室内，与汽油一起燃烧，这些不能完全燃烧的混合物形成了一部分积炭，其中胶质物按汽油的溶解性可分为可溶胶质物和不可溶胶质物。不可溶胶质物又称为沉积物，它和燃油一起加入油箱后就会黏附在燃油滤清器上，使供油量减少，输油量不足，燃油也会雾化不良，最终导致可燃混合气变稀，发动机经济性、动力性下降。可溶胶质物进入燃烧室和汽油一起燃烧后，就会在火花塞、活塞环槽、活塞顶部、进气门、燃烧室等部位反复受热后形成许多坚硬的积炭，这样很容易造成气门关闭不严。积炭会导致发动机性能下降甚至出现故障，如颤动、爆燃、失控、怠速不稳、加速不稳等一系列故障。

在城市经常堵车的路况中，由于车辆处于走走停停的状态，发动机不能高速运转进入正常工作状态，燃油或窜入燃烧室的润滑油也不能百分之百充分燃烧，没有燃烧的部分油料在高温和氧的催化作用下形成盐酸和树脂状的胶质物，黏附在零件表面上，再经过高温作用进一步浓缩成沥青质和油焦质等复杂的混合物，成了产生积炭的罪魁祸首。空气中的灰尘和细小颗粒物，在空气滤清器处并没有完全滤除干净，通过进气系统进入形成了沉积物，日积月累，也是形成积炭的原因之一。

3. 可能发生的故障

（1）油路堵塞使发动机无法工作

汽油中都会有一些水分，这些水分有些是提炼过程中产生的，有些则是外界因素造成的。在正常温度下，燃油可溶解一些水分，但在温度降低时，水的溶解性相应变小，多余溶解量的水分就会聚集。因为水的密度大于油，水就会慢慢地分离出来，停留在油路的弯曲处或滤清器中，引起供油不连续。当温度低于水的凝点时，水就会凝聚结冰，引起油路堵塞，使发动机无法工作。

（2）汽油中的水分会腐蚀和破坏燃油系统元件

如果燃油系统元件长期遭受水分的腐蚀和破坏，则难免会出现燃油系统元件损坏“罢工”现象。遇到这种情况，必须更换燃油管路中的相应部件，并且对整个燃油系统进行清理，除掉燃油中的水分，才能使发动机的运行恢复正常。

（3）燃油系统管路被胶质物和积炭堵塞

进入冬季，如果不及时对燃油系统管路进行清洗，那么沉积在管路中的胶质物和积炭就会脏堵，引起燃油流通不畅、燃油压力降低、燃油滤芯过早失效的情况。

4. 操作方法

提倡最好采用免拆解免解体的方式进行清洗操作，现以 HORLLOV 免拆燃油系统清洗剂的操作方法为例讲述具体操作步骤。

1）检查车辆有无故障，确定各油管、熔丝及相关零件的位置。

2）确保发动机冷却液温度在 80 ~ 100℃。

3）断开油泵电路并松开油箱盖。

目的：中断燃油传输并释放油管中的压力或真空。

方式：断开燃油泵电路，如熔丝或继电器。

4）为降低燃油管压力，起动发动机，几秒钟后发动机将自行熄火。

5）找到发动机进油管。

6）寻找适用的接头及替代管，另一端接上清洗设备的出口（**注意：请根据设备资料选用各车型适用的接头型号**）。

7）若有回油管，则断开油压调整器上的真空橡胶管，并将真空橡胶管与调压阀堵住，以截断回油端，使清洗剂不会通过回流管回到油箱。

8）确认清洗设备：出口阀门置于关闭位置（垂直方向），逆时针旋转压缩空气调压阀，将压力调到最低。

9）将燃油管路清洗剂倒入清洗设备中，并将上方的加液/排气功能阀锁紧。

10）设备挂在发动机舱盖下方并接上压缩空气。

11）调节管路压力到范围值。压力范围请参阅相关维修手册。

12）打开油路阀，检查管路有无泄漏。

13）起动发动机怠速运转，直至发动机自行熄火为止。

注意：为避免喷油器及燃油系统部件受损，清洗时请勿提高发动机转速。

14）工作结束后，关闭油路手阀；将调压阀逆时针拧转到底；中断空气管；按下加液/排气功能阀，释放设备内部压力；再次开启油路手阀；二度按下加液/排气功能阀以释放设备内部压力；擦拭布包覆快速接头并拆下。

15）恢复安装所有接头与连接管。

16）连接油泵电路并锁上油箱盖。

17）起动发动机并检查油路是否有泄漏现象，测试车辆。

清洗前后效果对比如图 11-4 所示。

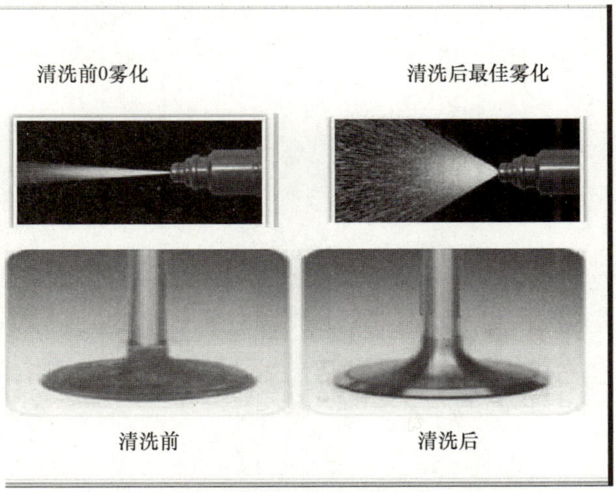

图 11-4　清洗前后比对

参考文献

[1] 武华．汽车发动机构造与拆装工作页［M］．北京：人民交通出版社，2007.

[2] 李云杰．汽车发动机拆装与维修工作页［M］．北京：现代教育出版社，2014.

[3] 孙玉章，王家虎．汽车发动机构造与检修项目工作页［M］．北京：人民邮电出版社，2013.